時間が貯まる

魔法の家事ノート

HOUSE WORK NOTEBOOK

はじめに

家事ができず、自信をなくしていた新婚時代。魔法の家事ノートがそんな私を救ってくれました

この本でご紹介するのは、暮らしのなかの「わからない」を減らすことで、家事にかかる時間を減らす方法です。用意するのはノートが1冊。1ページめにはこう書いてみましょう。『家事ノート』と。

自分は主婦失格だ――。毎日そんな思いに苛《さいな》まれていた私を変えてくれた魔法のノートの作り方をお伝えします。

昔から描いていた人生設計がありました。「24歳までに結婚する。猫のいる暮らしをする、それから…」と、区切りとしてぼんやりと描いていた夢。その夢がかなったはずなのに、新婚当初の23歳の私は、自分への嫌悪感でいっぱい。いつも冴えない顔で過ごしていたのです。

毎晩、玄関のドアを開けるたびにため息をつく夫。廊下にダンボールやごみ袋やカゴが積み重なって、足の踏み場がないからです。夫がお風呂を出て髪を乾かしはじめてから、脱衣所には乾いたタオルが1枚もなかったのを思い出し、ぐちゃぐちゃになった洗濯ものの山をあさります。床に散らかった洗濯ものや

箱や雑誌の間を縫うように歩きながらタオルと着替えを手渡すと、夫の口からは小言がこぼれます。夫の夕飯はいつも冷凍チャーハンやカップラーメン。「今日は夫の好きなハンバーグにしよう」と材料を買い込んでいましたが、結局作れなかったのです。そして、ついに夫は爆発します。きっかけはほこりまみれの猫です。夫が怒り、私もよくわからない言いわけをし、いらいらして嫌な言い方をします。すると夫は無言で背を向けてベッドに入り、それからこちらに向き直ってぽつりと言うのです。

「お願いだから、毎日15分だけでもいい。猫のためにちゃんと掃除をして、それからどこか1か所でいいから、散らかっているところを片づけて。それだけでいいから」


申しわけないとは思っていました。当時、夫は社会人1年目。毎日終電で帰宅し、夕飯を食べるのは午前1時を回っていました。ふとんに入るのは2時。慣れない仕事に毎日の残業。そんななかで本来なら癒しの場所になるはずの家がいちばん落ち着かないのです。

夫は激務で、私は週に数回のバイト生活。それなのにどうして私は誰でもできる当たり前の家事や片づけができないのだろう。毎日何度も何度も思いました。悔やむだけでは何も変わりません。でも、わかっていても、散らかった部屋のなかでまず何から始めればいいのかわからず、途方に暮れるばかりだったのです。

そんな私がどうやって部屋を片づけ、人並みに家事ができるようになったのか。きっかけとなったのは「ノート」でした。

「新婚生活はどう？」と尋ねる学生時代からの友人に、部屋が散らかっていて、家事もできなくて、毎日けんかばかりだとこぼしました。彼女は笑いながら「家事が得意なイメージしかないよ」というのです。

古いアルバムをめくってみると、ひとり暮らしをしていたころの私の部屋はいつもきちんと片づき（半分くらいは押し込んでいるだけで、使いやすく整理されてはいないものの）、毎日自炊し、一汁三菜を作っていたのです。ここ数年の失敗体験が自分の「当たり前」だと思っていたので驚きました。

そのとき思い出したのです。大学3年で就職活動が始まる前までは、毎日「ノート」を作っていたことを。毎日の予定、テレビやネットで見た家事のやり方やレシピのメモ、提出物のこと、気づき、考えたこと、感情のログ（記録のこと）。そういったものをすべて書き出していました。そう、私の頭を整理するには、手を動かして記録する必要があったのです。

就職が決まり、家を空ける時間が多くなったことを機にノート作りをやめたのですが、どうやら家事が回らなくなったのはそれがきっかけのようです。

学生時代にはきちんと生活できていた。友人の言葉でそれを思い出した私は、再びノートを購入し、家事の記録をつけ始めました。私に必要なことは、手を動かし、頭を整理すること。家事の総量を把握し、優先順位をつけてから作業にとりかかることでした。

この本で紹介する家事ノートは、さまざまな記録方法を試し、挫折したポイントを改善しながら作ったもの。今の家事ノートができてからは、暮らしのなかで「わからない」と思うシーンがほとんどなくなりました。そして、迷ったり悩んだりする時間がなくなったら、家事をするのが面倒なことではなく、楽しくて、当たり前にできることに変わってきました。

4年前と同じ部屋に、猫がもう1匹、そして娘が生まれました。1日のほとんどを家事に育児に仕事にと、よくばりに費やしています。新婚当初の私なら音を上げるようなせわしない毎日ですが、日々、心穏やかに暮らせているのは家事ノートのおかげだと思っています。

【整理収納をベースに家事を考える】

もっと片づけのことを知りたくて整理収納アドバイザーの資格を取得

ノートを使って試行錯誤しながら家事と片づけのペースを探り、ようやく部屋が片づいてきました。結婚から2年。私は25歳になっていました。結婚当初から、出版社でライターのアルバイトをしていましたが、ちょっとした転機があり、「ただ生活していくのではなく、自分の夢を目指してみよう」と思うようになっていました。仕事は楽しかったけれど、自分でゼロから考えてなにかを書いてみたいと思ったのです。

なにについて書こう？ そう考えたとき、一番に思い浮かんだのは「家事」でした。もともと家事は嫌いではないのです。子どものころから主婦向け雑誌や片づけの本を読むことも好きでした。それなのに部屋は散らかり、家事もできなかった私。家事そのものが上達したわけでないけれど、試行錯誤を経て、少しずつ暮らしをうまく回すシステムが確立できてきた。この体験はもしかすると、私と同じように悩む人に役立つのではないだろうか、それならこれを綴ろうとブログを始めることにしました。

そして、ブログを始めるにあたって、「知識がほしい」と感じました。

部屋はある程度片づいたけれど、もっと体系的に片づけのことを学んでみたい。整理収納アドバイザーの資格取得を目指したのはそんなきっかけでした。なぜ「整理収納」の資格かというと、片づいていないと、家事をする前に片づけることから始めなければいけないからです。

学んでみてわかったのは、「整理収納」の手順は、片づけだけでなく、暮らしを変えるためにも生かせるということ。

整理収納の正しい順序をご紹介します。まずは理想の暮らしをイメージすることからスタート。片づいた部屋でどんなふうに過ごしたいかを思い浮かべます。次に、ものをすべて出し「要・不要」を選別。残すものは一緒に使えるもの同士をグループにしてまとめ、さらに使用頻度ごとに分けていきます。そこまでできてからはじめて収納のことを考えます。どこに収めるか、どんな収納グッズを使うか。

収納グッズやテクニックに頼るのではなく、収納を始める前に家じゅうにあるすべてのものと向き合い、きちんと整理していく。このステップは、便利な収納術ばかり検索していた私にとって目からうろこでした。このやり方を応用すると、家事の失敗を分析できます。最初から便利グッズや時短テクニックに頼っていては失敗する。まず、すべての家事と向き合うことが大事だったのです。

わが家の家事を知る

家事のウォーミングアップ

☐ とりあえず立つ
☐ テレビを消す
☐ 目の前にあるものを片づける
☐ 髪を結ぶ
☐ BGMをかける
☐ 部屋の温度調節をする

朝家事

☐ カーテンを開ける
☐ 換気
☐ ベッドメイキング
☐ 家族のサポート
☐ お弁当作り
☐ 夕飯の下ごしらえ
☐ ごみを集める
☐ ごみ出し

夜家事

☐ リビングをリセット
☐ 浴室の水気を拭く
☐ 家族のサポート
☐ 戸締まり確認
☐ 加湿器のセット

洗濯

☐ まとめる・仕分け
☐ 洗濯機セット
☐ 洗濯物を取り出す
☐ 洗濯物を干す
☐ 洗濯物を取り込む
☐ 洗濯物をたたむ
☐ アイロンがけ
☐ 洗濯物を定位置へ戻す

家計管理

☐ レシート整理
☐ 家計簿記入
☐ 通帳記帳
☐ 各種支払い
☐ 税金関連
☐ 買いもの
☐ 在庫管理

家族のサポート

☐ 育児
☐ ペットの世話
☐ 植物の世話
☐ 介護

掃除

☐ リビング
☐ ダイニング
☐ キッチン
☐ トイレ
☐ 洗面所
☐ 玄関
☐ 廊下
☐ 階段
☐ 各個室
☐ 物置き・納戸
☐ ベランダ
☐ 庭
☐ 風呂

ものの手入れ

☐ 鏡
☐ 家電
☐ 道具
☐ 掃除グッズ
☐ 衣類
☐ コスメ
☐ 季節家電

片づけ

☐ リビング
☐ ダイニング
☐ キッチン
☐ トイレ
☐ 洗面所
☐ 玄関
☐ 廊下
☐ 各個室
☐ 物置き・納戸
☐ 風呂

炊事

☐ 食材管理
☐ 献立決め
☐ 買いもの計画
☐ 買いもの
☐ 下ごしらえ
☐ 調理
☐ まとめ作り
☐ 洗いもの

【私の家事大作戦】

「わからない」から面倒になる。暮らしの「わからない」をなくして、家事をスムーズに！

家事がうまくできずに悩んでいたとき、「整理収納」の手順（8ページ参照）に沿って頭のなかを整理してみました。すると、家事のやる気を阻害する、ある原因に気がついたのです。それは「わからない」ということ。

家事が人並みにできるようになった今でも、家事ノートがなければ献立作りにも悩むし、毎日掃除する場所以外は掃除を忘れてしまいます。それはノートがないと「わからない」ことが多いからです。

たとえば、あなたが夕飯のメニューで迷っているとき、家族がどんなふうに言ってくれたらラクですか？

①「なんでもいいよ」

②「今日はハンバーグが食べたい！」

私は②のほうがありがたいです。①だとまず「考える」ところから始めなければいけないからです。レシピ本をぱらぱらめくったり、冷蔵庫のなかにある食材で作れる料理をネット検索したり。でも、ハンバーグだと決まっていれば、レシピノートを見る（またはハンバーグのレシピを検索する）だけですみます。

「わからない」ことがあると、その都度じっくり考えたり、調べたり、探したり、迷ったり。そういうムダな時間が生まれます。そしてそれこそが、家事を面倒なものだと感じさせているのではないでしょうか。

家事における「わからない」は2つ。

1. 今日やるべき家事がわからない

2. 家事をするために必要な情報（献立、いつも買っている定番品、ごみの捨て方など）がわからない

つまり、「わからない」からあと回しにしてしまうのです。裏を返せば、これらを解消できれば家事の悩みがぐっと減るはず。それなら、家じゅうの「わからない」をまとめてみよう。そんな風に作り上げた『家事ノート』は大成功！　家事にかかる時間と労力を大幅に減らすことができたのです。

このノートを作ることは手間に思えるかもしれません。でも、そのひと手間で、「考えない、悩まない、探さない暮らし」が手に入ると考えたら？　未来の自分のために少しだけがんばってみよう。そんな風に考えると取り組みやすいのではないでしょうか。

家事ノートがあれば、家はどんどんきれいになり、時間に余裕ができて、暮らしはどんどん向上します。めったに思い出さないようなスペシャルな家事

さえも日常に組み込むことが可能に。たとえばキッチンスポンジの交換、カーテンの洗濯、スイッチプレートの掃除なども、前もって家事ノートの『スケジュール』（26-27ページ）に組み込んでおけば忘れずにすみます。

家事ノートを使うことで、「わからない」というストレスがなくなり、家がきれいになり、時間もとれるように。私にとって、まさに魔法のノートとなりました。

さらに、このノートはわが家の道しるべでもあります。ここを見れば、家族の誰もが家事や暮らしを回していくことができるのです。主婦にとってこんなにも安心できることはありません。

ただし、家事ノートは家事そのもののスキルを磨くことが目的ではなく、家事にかかるストレスや時間を減らすことが目的。残念ながら「家事がうまくなる」ことはないかもしれません。それでも、家事ノートを書くことで心と時間に余裕がもてるようになれば、家事そのものを楽しめ、また、本やネットで家事を学ぶ時間も取れるようになるので、おのずと家事力も身についてくるのではないかと思います。

まずは1ページだけ。明日からの自分をちょっとラクにしてあげるために、一緒に始めてみませんか？

CONTENTS

CHAPTER 04

お楽しみリスト

※P.124-127の表はコピーして使用していただけるものです

HOUSE WORK NOTEBOOK

CHAPTER 01

HOW TO MAKE KAJI NOTE

家事ノートの作り方

暮らしにゆとりをもたらしてくれる家事ノート。
〝するべきことがわからない〟をなくしてくれる『スケジュール』と
〝考える・探す・調べる時間〟をなくしてくれる『ログ』の
2つで構成しています。

家事ノートとは

私の提案する家事ノートは、家事と暮らしにまつわるすべてのことを、ぎゅっと1冊に凝縮したものです。毎日の家事をスムーズに回すための『スケジュール』、そして困ったときのヘルプページである『ログ』という2つの柱で構成します。

頭を整理する『スケジュール』

『スケジュール』は、毎日の家事において、頭の中を整理するために使う予定表のこと。カレンダーの日付に合わせて記入していきます。週1回する家事、月1回する家事、そのほか「今日やっておきたいこと」など、するべきことや優先順位について、これを見ればわかるようにします。

1か月分のカレンダーを1枚の用紙にまとめておくことが最大のポイント。「明日のために準備しておくこと」や「来週は○○を片づけなければいけない」と先の予定も立てやすくなります。

私は家事に伴って必要になってくる買いものも一緒にメモしておくようにし、家のあらゆることを丸ごと管理できるシステムを作りました。

家事の全貌を把握しよう

家事ノートを作る前に、まずはわが家の家事をすべて把握します。本書の44〜57ページを参考に、あなたの暮らしに必要な家事を選び出し、補足しながら「わが家の家事リスト」を作ってみてください。

わが家の取り扱い説明書『ログ』

『ログ』はたとえるなら暮らしの「取り扱い説明書」です。私は、うちの「モノ」「コト」「ヒト」、そして「おつきあい」の4種類に分けて情報をまとめています。

なにかわからないことがあったとき、みなさんはどうしますか？ たとえば説明書を探したり、ネットで調べたりしますよね。でも、『ログ』を作って記録しておけば、一度調べたものについては、今後いっさいこのように手間のかかる作業をする必要がありません。この1冊を「見る」だけでいいのです。

家事ノートのメンテナンス

ひと月を終えるころには『ログ』として記録しておきたい情報がたまっていると思います。月に1度は『ログ』作りの日を設けましょう。

これは『スケジュール』にも言えることですが、これらをまとめる日を「いつか」にしてしまうと、ついついあとまわしにしたり、忘れたりしてしまいます。私は毎月28日を来月分の『スケジュール』作りの日として家事の予定に組み込むことで、とどこおりなく家事ノートをアップデートできています。

『ログ』に書いた内容もライフスタイルや家族の人数、持ちものが変われば古くなります。メンテナンスも忘れずに行いましょう。

【家事ノートを作る理由】

家事ノートは、暮らしのなかの「わからない」をなくすことで、家事をスムーズに行うことを目的としています。つまり、このノートを作ることは家事の第一歩。

『スケジュール』をまとめておくことで、1日の家事スケジュールを可視化でき、やり残しを防止。心の余裕が生まれます。『ログ』を作っておくことで、困ったときに探したり調べたりせず、時間の余裕が生まれます。家事ノートを作ることで暮らしにゆとりを持つことができるのです。

ノートがあれば「忘れても大丈夫」

家事ノートのおかげで変わったことの1つが身軽になったことです。頭のなかにぎゅうぎゅうに詰まっていた予定ややりたいこと、調べる必要のあることなどを手放すことができたのです。頭の容量が軽くなり、余白ができたというイメージです。

忘れる。それは私にとって怖いことでした。わからなかったり、覚えていなかったりすると不安になるからです。でももう忘れても大丈夫。忘れたら家事ノートを開けばいいのですから。

ノートをつける時間を楽しむ

何度も読み返す家事ノートだと思うと、字をきれいに書きたいとか、スタンプでかわいく装飾しようとか、ゆっくり時間をもって向き合いたいと思うようになります。あわてずにひとつずつ整理して、まとめて。その分、愛着もひとしおです。ゆっくり家事と向き合って、大切にノートに手書きする時間。これも私にとって家事ノートを作る大きな理由なのです。

合わない、続かない、と思ったら

ブログでいろいろなアイデアを紹介していると「自分には合いません」「ハードルが高いです」とのご意見をいただくことがあります。

でも、大切なのはノートを作ることではありません。きれいに書くのも二の次です。家事ノートはあくまでも脇役。家事をうまく回していくための道具でしかないのです。

毎日書かなくても、かわいいノートにしなくても、手書きではなくても大丈夫。自分に合った方法を見つけてください。暮らしを1冊にまとめるといろいろな発見があります。

できていると思っていたことができていなかったり、やりかけて忘れていた家事も見つかるかもしれません。自分なりに記録することでそんな発見がひとつでもあれば、ノートをつけた意味があるのではないでしょうか。

MEMO

家事ノートにまとめておくこと

家事ノートにまとめておくことは2種類。①スケジュール…家事のスケジュール表 ②ログ…家じゅうすべての情報。家事だけでなく、おつきあいや手みやげのリストもまとめるとよい

THEME.

家事ノートを作ってみよう！

用意するもの

基本の道具はバインダー、ルーズリーフ、ペンの3つだけ。
家事ノートは中身を増やしたり、作り替えたりするので差し替えられるものを使います。

(ITEM 01)

バインダー

家事ノートをまとめるためのバインダー。長く使うものなのでお気に入りを用意。入れ替えたりつけ足したりするため、金具部分の開きやすさもチェックを。

(ITEM 02)

ルーズリーフ

見やすい無地がおすすめ。罫入りルーズリーフを下敷き代わりにすると無地でもまっすぐ書けます。写真はライフの「ノーブルルーズリーフ」A5サイズ。

(ITEM 03)

ペン

太め（0.5㎜）、細め（0.38㎜）、極細（0.03㎜）の黒ボールペンを使用。太めは枠や目立たせたいこと、細めは文字、極細は表のなかに文字を書き込むときに。

あると便利なもの

家事ノート作りをもっと楽しくラクにしてくれるアイテムをご紹介。
続けるためには好きなデザインだけでなく、簡単に作れることも大切です。

(ITEM 04)

ゲージパンチ

プリントやコピー用紙に穴をあけてバインダーにはさめるようにできる穴あけパンチ。ネットショップや文房具屋さんで購入できます。

(ITEM 03)

シール

シールでノートをかわいくすることでモチベーションがアップ。自分でパソコンで作ってシール用紙に印刷する方法もあります。

(ITEM 02)

カラーペン

チェックリストの塗りつぶしや、ちょっとしたアクセントに。1ページにつき1〜3色に抑えると見やすくなります。

(ITEM 01)

スタンプ

見た目をかわいくするためにも使えますが、イラストが苦手な方に便利な日付印や枠のスタンプもあります。

HOW TO MAKE KAJI NOTE

今日する家事がわからない！をなくす

スケジュール

私の家事ノートにおける『スケジュール』とは、家事のスケジュールを見開き1ページにまとめた計画表のこと。ここを見るだけでひと月分の家事の予定がすべてわかります。26-27ページを参照しながら読み進めてください。

カレンダー形式の『スケジュール』にまとめるおもな項目は、1週間に1度する家事（週ごとの家事）、1か月に1度、毎月同じ日にする家事（月ごとの家事）、天気に合わせてその日の内容を決める家事（天気家事）の3種類。

下段の6つは「今月の家事6テーマ」欄。憧れ家事、おつきあい、家族サポート、掃除・手入れ、買うもの、片づけをまとめておきます。

さらにお楽しみ要素が2つ。今週の研究・練習テーマである「週間（習慣）計画」欄と、体調や気分の変化の目安にできる「月の満ち欠け」欄です。

これまでさまざまな方法で家事を記録してきました。手帳、壁かけのカレンダー、スマホのアプリ、単語帳や卓上カレンダー。でも、いずれも挫折。そこで、すべての情報を1か所にまとめてみたら管理がぐっとラクに。見やすくてまとめやすい。そこが大切でした。

毎月ゼロから書くのは面倒なので、枠、日にち、月ごと家事など、月をまたいでも変わらないものを記入した状態で原本を作り、コピーして使えるように。本書の巻末にも使いやすい空の表をつけました。作る手間を省くのが続けるコツです。

THEME
まとめておきたいこと

CHECK LIST　TO DO LIST

☑ **週間（習慣）計画**

1週間ごとの研究・練習のテーマ

☑ **天気家事**

晴れやくもりなど天気が大切になる家事。1週間につき2つくらいにとどめておくと達成しやすくなります

☑ **日づけ**

日にちを記入する欄。土日は青・赤で色をつけて見やすくしています

☑ **月の満ち欠け**

新月・満月・下弦の月・上弦の月をメモ。体調や気分の変化の目安になるほか、「ムーンクエスト（P.116）」をいつするかの目安にもなります

☑ **週ごとの家事（七色の家事）**

曜日ごとにテーマを決めて行う家事

☑ **月ごとの家事**

月に1度、日付に合わせてテーマを決めて行う家事

☑ **その他**

その他の家事や雑用の予定

今月の家事6テーマ

以下の6種類の家事を分けて記入する部分

☑ **憧れ家事**

その季節の行事やみそ作りなど、必須ではないけどやってみたいと思うこと

☑ **おつきあい**

年賀状、暑中見舞いなど、ご挨拶の予定や、冠婚葬祭の情報

☑ **家族のサポート**

育児・ペットのお世話・介護・夫の会社行事など、家族をサポートする内容はここにメモ

☑ **掃除、手入れ**

今月やっておきたい集中掃除や、もののお手入れの予定をメモするスペースです

☑ **買うもの**

今月買っておきたいものをメモします。たとえば12月なら「しめ縄」「門松」など

☑ **片づけ**

今月片づけたい場所をメモします。回収までに時間のかかる粗大ごみの処理予定もここに

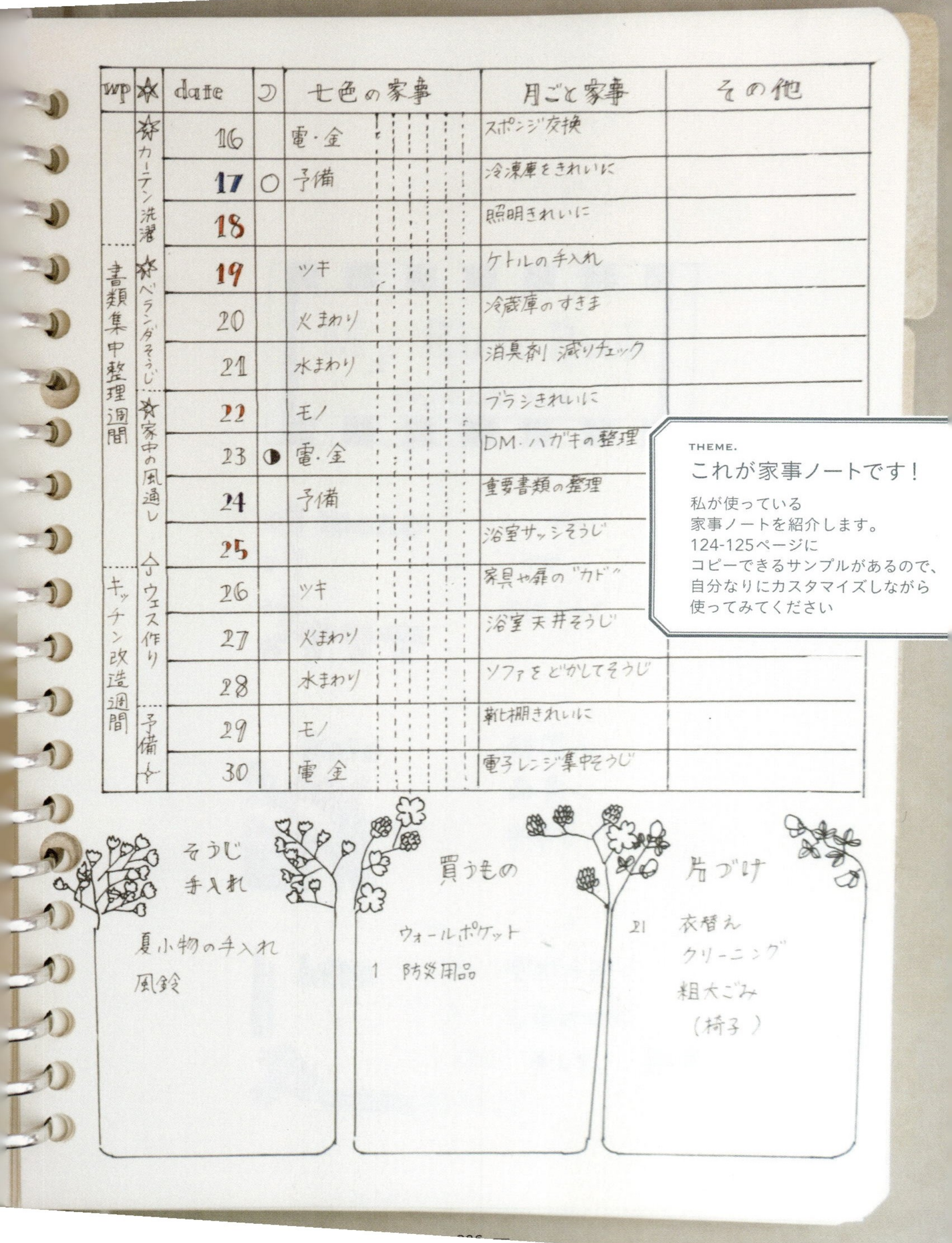

THEME.

これが家事ノートです！

私が使っている
家事ノートを紹介します。
124-125ページに
コピーできるサンプルがあるので、
自分なりにカスタマイズしながら
使ってみてください

wp	☆	date	☽	七色の家事	月ごと家事	その他
	☆カーテン洗濯	1	●	モノ	スポンジ交換・	カーテン洗濯・野菜のおかずリスト・
		2		電・金	インターホンきれいに・乾物ストック・	靴の定数見直し・
		3		予備	(奇)浄水器 交換・(偶)コンタクトケース交換	おそうじレシピ作り・常備菜作り
		4			エンディングノート更新	
食べもの見直し週間	窓そうじ	5		ツキ	おつきあいノート更新・	ハンガー整理・
		6		火まわり	虫の目でそうじ	窓そうじ・トラブルログ作り・
		7		水まわり	ブレーカーカバーきれいに	
	☆網戸そうじ	8		モノ	歯ブラシ交換	マイルールブック作り・
		9	◐	電・金	茶渋とり	網戸そうじ・寝具干す・
		10		予備	トイレタンクそうじ	
		11			家にあるレトルト食品整理	クリーニング・
女子力UP週間	☆寝具干す	12		ツキ	散らかりがちな場所チェック	
		13		火まわり	こんだてについて考える	カード収納改善・
		14		水まわり	リモコンきれいに	
		15		モノ	洗濯槽そうじ	

憧れ家事

15　十五夜

おつきあい

18 - 19　弟が泊まりにくる

家族サポート

24　予防接種

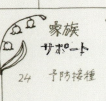

wp	☆	date	☽	七色の家事	月ごと家事	その他
	☆カーテン洗濯	16		電・金	スポンジ交換	
		17	○	予備	冷凍庫をきれいに	
		18			照明きれいに	
書類集中整理週間	☆ベランダそうじ	19		ツキ	ケトルの手入れ	
		20		火まわり	冷蔵庫のすきま	
		21		水まわり	消臭剤 減りチェック	
	☆家中の風通し	22		モノ	ブラシきれいに	
		23	◑	電・金	DM・ハガキの整理	
		24		予備	重要書類の整理	
		25			浴室サッシそうじ	
キッチン改造週間	ウェス作り	26		ツキ	家具や扉の"カド"	
		27		火まわり	浴室天井そうじ	
		28		水まわり	ソファをどかしてそうじ	
	予備	29		モノ	靴棚きれいに	
		30		電 金	電子レンジ集中そうじ	

THEME.

家事ノートの使い方

26-27ページに掲載している私の家事ノートの書き方をご説明します。これはあくまで一例。ご自身のライフスタイルによって書き込み内容を変えてみましょう

そうじ 手入れ

夏小物の手入れ

風鈴

買うもの

ウォールポケット

1 防災用品

片づけ

21 衣替え

クリーニング

粗大ごみ

（椅子）

【掃除・手入れ／買うもの／片づけ】

左記、上記の予定に伴って必要になるもの・ことを記入

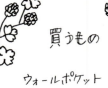

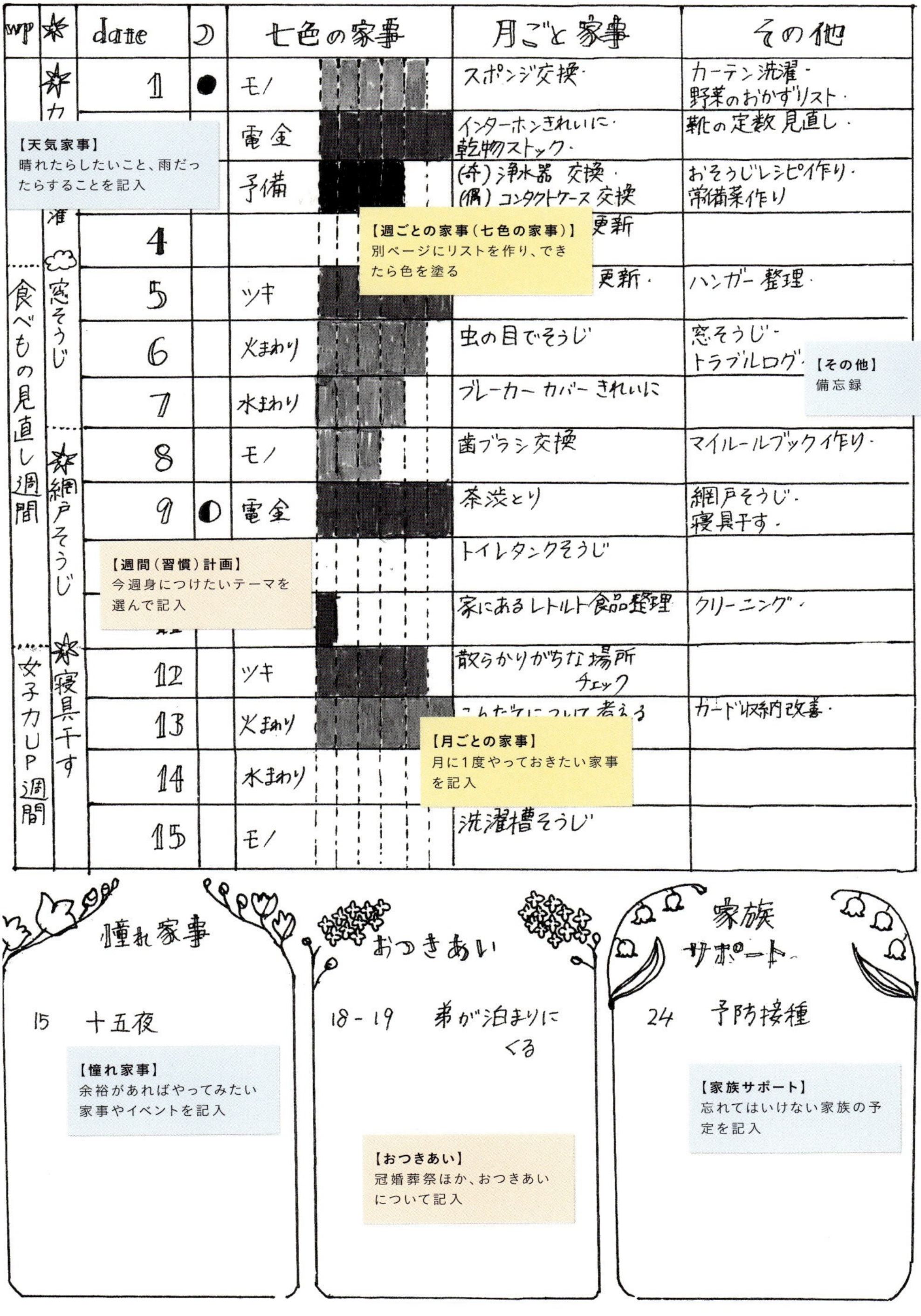
wp
date
七色の家事
月ごと家事
その他
1 モノ スポンジ交換 カーテン洗濯 野菜のおかずリスト
電金 インターホンきれいに 乾物ストック 靴の定数見直し
予備 (奇)浄水器 交換 (偶)コンタクトケース交換 おそうじレシピ作り 常備菜作り
4
5 ツキ ハンガー整理
6 火まわり 虫の目でそうじ 窓そうじ トラブルログ
7 水まわり ブレーカー カバーきれいに
8 モノ 歯ブラシ交換 マイルールブック作り
9 電金 茶渋とり 網戸そうじ 寝具干す
トイレタンクそうじ
家にあるレトルト食品整理 クリーニング
12 ツキ 散らかりがちな場所チェック
13 火まわり カード収納改善
14 水まわり
15 モノ 洗濯槽そうじ
食べもの見直し週間
女子力UP週間
窓そうじ
網戸そうじ
寝具干す
【天気家事】
晴れたらしたいこと、雨だったらすることを記入
【週ごとの家事（七色の家事）】
別ページにリストを作り、できたら色を塗る
【その他】
備忘録
【週間（習慣）計画】
今週身につけたいテーマを選んで記入
【月ごとの家事】
月に1度やっておきたい家事を記入
憧れ家事
15 十五夜
おつきあい
18-19 弟が泊まりにくる
家族サポート
24 予防接種
【憧れ家事】
余裕があればやってみたい家事やイベントを記入
【おつきあい】
冠婚葬祭ほか、おつきあいについて記入
【家族サポート】
忘れてはいけない家族の予定を記入

HOW TO MAKE KAJI NOTE

買いものや探しものに悩まなくなる

うちのモノ

家事ノートの『うちのモノ』ページでは、自宅の収納についての記録や、ものを買い足すときに便利なメモなど、「もの」にまつわる多くの情報をまとめています。

収納を知る

ものの定位置を知っているのは妻だけ。そんなご家庭が多いのではないでしょうか。わが家もそうです。「収納マップ」(68ページ)や「あれどこ?ログ」(70ページ)があれば家族との情報共有がラクになります。

買いものの悩みを解消する

買ってみたら気に入らなかった。もっと安くてよいアイテムがあったとあとから知った。いつも使っているものだと思ったら違う型番のアイテムだった。買いものにまつわる悩みはありませんか?そんな悩みを解消してくれるのが「うちの定番品リスト」や「ウィッシュリスト」、「器のトリセツ」などです。

考えなくてすむ

日常のなかの考えごとの半分くらいはものについてでした。

「どこにある?」

「買い忘れはない?」

「いつも買ってるのはどれだっけ?」

ノートに記録するひと手間で、毎日の買いもので迷う時間を省くことができます。

THEME

まとめておきたいこと

CHECK LIST うちのモノ

☑ **収納マップ**

家のどこに何があるか把握できるマップ。家族との共有にも役立ちます

☑ **あれどこ？ログ**

ものの定位置を変えたときやものを捨てたときの変更記録。「どこに移動させたっけ？」と悩む時間がなくなります

☑ **うちの定番品リスト**

わが家の定番をまとめたリスト。買い忘れ防止に役立ちます

☑ **電池リスト**

どのものにどの電池を何本入れるかがひと目でわかるリスト。買い足しの参考に

☑ **器のトリセツ**

器ごとの「電子レンジ対応」「オーブン対応」などの情報や、お手入れ方法と型番をまとめたリスト。買い足しと手入れに

☑ **ボックスリスト**

収納グッズごとの型番とサイズをまとめたリスト。買い足しや収納計画に役立ちます

☑ **ウィッシュリスト**

これから欲しいものの情報をまとめたリスト。「買いものの後悔」を減らします

☑ **衣服ログ**

家にあるすべての服を把握するためのリスト。購入・処分の記録もできます

リスト化するメリット

- **ものを探さなくてすむ**
- **買い忘れを防げる**
- **買い足しがスムーズになる**

HOW TO MAKE KAJI NOTE

調べる時間とストレスがなくなる

うちのコト

家事ノートの『うちのコト』ページには、家事や暮らし、安全にまつわる情報をまとめておきます。作っておくと、なにかをするときに調べたり、探したり、迷ったりする時間を省くことができます。

わからないから動けない

ネットショッピングが面倒に感じられることはありませんか？ それはもしかすると、アカウントやパスワードがわからないからではないでしょうか。

急に子どもの具合が悪くなった。でも救急車を呼ぶべきなのかわからない。そんなときどこに連絡しますか？ 緊急時に調べたり、判断したりするには時間がかかりますよね。

なにかをするとき、さっと動けないと感じるのなら、必要な情報が「わからない」可能性があります。

大事なことはひとまとめに

クレジットカード、銀行口座、スマホや保険など契約関連の情報。それぞれどのように管理していますか？

クレジットカード番号が必要なときは財布を開け、また銀行の口座番号を見るために通帳を出し、契約状況を確認する際にはファイルボックスを探す。ささいなことですが、この出したりしまったりが手間に思えるものです。

ノートにひとまとめにしておけばすぐにわかるうえ、調べたあとに戻すひと手間も不要です。

CHECK LIST うちのコト

THEME
まとめておきたいこと

☑ アカウントリスト
ネットショッピングやウェブなどのアカウント情報をまとめたリスト。「登録したアドレスがわからない」をなくします

☑ ヘルプコールコレクション
緊急時に役立つ連絡先をまとめたリスト。いざというときはこのページを開けば安心

☑ 家族への伝言板
「どこになにがあるか」「この家電はどうやって使うのか」。家族と共有したい情報をまとめます

☑ 毎日ごはんのヒント集
1週間分の献立をまとめたリスト。思いつかないときはここから選ぶだけで数日分の献立が決められます

☑ トラブルログ
日常のさまざまなトラブルの記録。似た事例があったときなどにも役立ちます

☑ 防災マニュアル
防災に関してまとめておきたい各種リスト。非常時に少しでも落ち着いて行動できるように準備しておきます

☑ お掃除レシピ
重曹やクエン酸を使った掃除情報はここに。「分量がわからず、できない」を防ぎます

☑ 防犯マップ
近所の気をつけたい場所や逃げ込めそうな場所をまとめたマップ。子どもや女性の防犯対策

☑ クレジットカード情報
クレジットカードの情報をまとめたリスト。カード情報を入力するときなどこれを見るだけでOK

☑ 銀行口座情報
口座情報をまとめたリスト。引き落とし日や使いみちを把握できます

☑ ごみの出し方ログ
ごみの分別方法や、捨て方の手順をまとめます。「わからないから捨てられない」をなくします

リスト化するメリット

・「必要な情報がない」を防ぐ
・「●●がわからないから動けない」をなくす

家族の情報をひとまとめに！

うちのヒト

家事ノートの『うちのヒト』ページにまとめるのは家族のことです。健康面のほか、身内の法事リストや家系図などもこちらにまとめます。

家族のことでも意外と知らない

家族の病歴や予防接種歴をご存じですか？　私は自分のことですらきちんと知りませんでした。

「病歴データベース」では問診票に記入するような家族の病歴を、「通院ログ」では病院で言われたことや日々の健康について記録します。

祖父母の兄弟を知っていますか

親族でも、たとえば祖父母の兄弟やその子どもになるとつきあいのないご家庭も多いのではないでしょうか。お葬式などで「この方はどなただろう？」と困らないように家系図を作ったり、近い身内については法事リストを作り、施主をする際に「だれを呼ぶのか」などの参考にすることもできます。

家族サポートログの可能性は無限大

「家族サポートログ」は、育児や介護、夫婦間での記録です。ご家庭によって内容が異なるためこまかくは載せていませんが、離乳食記録やお弁当日記、夫婦げんかの記録（！）など、使い方は無限大。記録することで暮らしが前より楽しくなり、家事などを前よりもラクにこなすヒントが見つけられるはずです。

THEME

まとめておきたいこと

CHECK LIST　うちのヒト

☑ 病歴データベース

これまでにかかった病気や手術歴、予防接種歴をまとめたページ。病院の問診票を書くときに迷いません

☑ 通院ログ

日常の風邪やケガも含めた通院のログ。セカンドオピニオンを受けたいときにも役立ちます

☑ 家系図

冠婚葬祭時、配偶者の親せき関係がわからない、と悩まなくてすみます

☑ 法事リスト

法事の記録をまとめます。いつだれの法事があるかを管理できます

☑ 記念日リスト

家族の記念日や誕生日、クリスマスなど行事の日程とその日にしたいことをまとめます

☑ 家族サポートログ

家族サポートの記録をまとめます。育児、介護、ペットなど、人によって内容は多岐にわたります

リスト化するメリット

- 家族の健康について簡単に管理できる
- 親せきづきあいの「わからない」を減らす
- 自分以外の家族のサポートをするときに役立つ

HOW TO MAKE KAJI NOTE

家事以外の大切な家しごと

おつきあい

「おつきあい」ページでは、おもに家族以外の方との交流記録をまとめます。

贈りものに悩まない

人づきあいでの悩みのひとつ、それは「贈りもの」ではないでしょうか。いつ差し上げるのか、何を贈るのか、前にどんなものをいただいたのか。

そういった悩みを解決するために、いただいたものを記録し、ギフトにぴったりなお菓子やものの情報をまとめ、差し上げた記録もとっておきます。

その積み重ねでスマートに贈りものができるようになれたらいいですよね。また、家族間のプレゼントも記録しておくと、家族仲がいっそううまくいく気がします。

手紙を書くハードルを下げる

年賀状やお礼状も大切なおつきあいです。書きはじめると楽しいのですが、手紙を書くまでの腰がなんだか重かった私。手紙の例文をまとめたテンプレートを用意したら、そのハードルがぐっと下がりました。

久しぶりの再会に役立つ

知人のお子さんやご主人の名前がわからなくなることはありませんか。久しぶりにお会いする前に「お祝いログ」を見て確認しておくと安心。また、お子さんにプレゼントやお年玉を差し上げたいときにも、このページを見れば年齢がわかるので考えやすくなります。

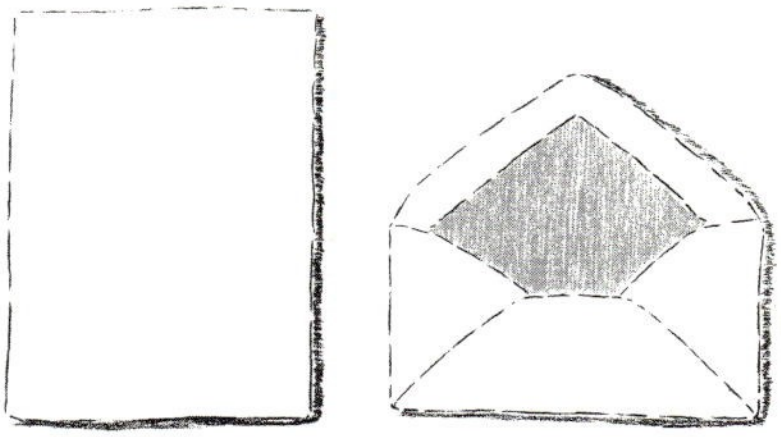

THEME

まとめておきたいこと

CHECK LIST おつきあい

☑ **お祝いログ**

結婚や出産の記録をまとめます。ご祝儀や結婚式参列の有無をひと目で把握できます

☑ **お悔やみログ**

葬式、法事などの記録をまとめます

☑ **いただきものリスト**

いただいたものの記録。お返しや今後のプレゼントの参考になります

☑ **差し上げたものリスト**

差し上げたものの記録。同じ方に同じものを何度も差し上げずにすみます

☑ **家族へのプレゼントログ**

母の日・父の日・家族の誕生日などの記録。毎年のプレゼント選びの参考になります

☑ **手紙のテンプレート**

手紙の例文や構成をまとめたもの。手紙を書くハードルが下がります

☑ **手みやげリスト**

手みやげのお気に入りショップをまとめた記録。「どこで買おう？」と迷う時間がなくなります

リスト化するメリット

- **冠婚葬祭の情報を把握できる**
- **プレゼントやおみやげ選びに悩まない**
- **友人の家族の情報がすぐわかる**

HOUSE WORK NOTEBOOK
CHAPTER 02

HOW TO MAKE A SCHEDULE

家事ノートに『スケジュール』をまとめる

この章では、私の考える「家事の8分類」と
それを家事ノートの『スケジュール』に
組み込んでいくための
具体的な方法をご紹介します。

家事の種類を知る

家事にはそれぞれ「性質」があり、その違いを理解することで、優先順位をつけやすくなります。

家事ノートの作成前に、まずは家事をすべて洗い出し、理解しましょう。

家事は8タイプに分けて考え、優先順位を決める

私の考えた家事分類は8タイプ。それぞれについてご紹介します。

●日ごとの家事

毎日する家事のことです。たとえば食事のしたくや最低限の掃除など。毎日のことなのでその都度ノートに書いていては面倒です。そこで、毎日する家事を別途でリストにして全体像を把握します。慣れるまではリストを見ながら行い、最終的には暗記してしまいましょう。

●週ごとの家事（七色の家事）

曜日ごとに振り分けた、週に1度する家事のことです。たとえば月曜日は月にかけて、ツキを呼ぶと言われる「玄関掃除」など。

ここでは曜日ごとに家事の内容を決めるだけでなく、具体的になにをするのかを洗い出すと取りかかりやすいです。玄関掃除なら「三和土《たたき》を掃く」「玄関ドアのほこりを払う」など。

●月ごとの家事

日づけごとに振り分けた、月に1度する家事のことです。たとえば「毎月2回（1日・16日）は食器洗いスポンジ交換」など。

●季節の家事

春夏秋冬それぞれの季節に行う家事です。季節ごと、1月から12月まで月ごとに行う家事をまとめておくと便利です。たとえば1月なら「お正月飾りの片づけ」や「住所録の整理」など。

●天気家事

晴れの日、くもりの日、雨の日、それぞれの天気の日に行う家事のことです。たとえば「晴れの日にレースカーテンの洗濯をする」など。

行う日を選べないため「〇日にする」ではなく「この期間にする」と幅を持たせておくこと、そして詰め込みすぎず、1週間あたりの天気家事の数は2つくらいにとどめておくことがうまく回すポイントです。

●憧れ家事

やらなくても困らないけれど、できたら素敵だなあと思える「ごほうび」的な位置づけの家事のことです。たとえば梅を漬ける、自家製みそ作り、サングリアを作るなど。

●家族のサポート

自分以外の家族のお世話のためにする家事のことです。植物の水やりやペットのお世話もここに含みます。

●おつきあい

冠婚葬祭やごあいさつ、贈答など、おつきあいすべてに関する家事のことです。たとえば「年賀状の用意」「義母への誕生日プレゼント」など。いわゆる家事のイメージではないかもしれませんが、おつきあいにはお金にまつ

わる事柄もあります。しっかり記録することで、重要な家事として認識するようにしています。

必要な家事は家庭ごとに異なる。わが家に今必要な家事を把握しよう

ここまで読んでみて、またわが家の家事リストをご覧になって、「こんなにたくさんの家事があるの？　すべてやるのは絶対無理！」と不安になった方もいらっしゃるかもしれません。でも、安心してください。

これはあくまでわが家のケース。家事をうまく回す第一歩は、「自分の家に今必要な家事」を把握することです。子どもがいなければ育児の項目は必要ないし、車がなければ洗車は必要ありません。掃除や洗濯の頻度もライフスタイルと衛生観念によって変わります。情報整理能力や性格によっても必要項目は変わってくるでしょう。必要な家事は家庭ごとに異なります。家事リストは自分仕様にカスタマイズして作り変えてみてください。

そして、わが家の家事がわかったら、『スケジュール』（26-27ページ）に今月やるべきことを選んで書き込んでみてください。

あとは『スケジュール』を見ながら動くだけ。考えず、迷わず、調べずに自然に体が動くようになります。

8 CATEGORIES
家事の8分類

家事

- 日ごとの家事
  - 朝家事
  - 基礎家事
  - 夜家事
- 週ごとの家事
  - 月曜～日曜
- 月ごとの家事
- 季節の家事
  - 1月～12月
- 天気家事
  - 晴れ
  - くもり
  - 雨
- 憧れ家事（優先度低め）
- 家族のサポート
- おつきあい

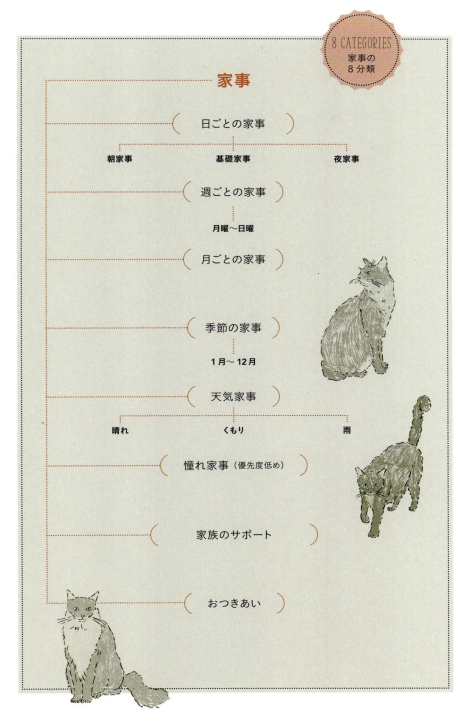

CATEGORIES № 01

日ごとの家事

DAILY HOUSE WORK

まずは、毎日行う基本の家事を理解する

日ごとの家事は、毎日必ず行う家事のこと。きちんと洗い出しておけば「毎日これだけやれば大丈夫な家事」の最低ラインが見えてきます。

以前の私は家事の総量を把握しないまま動いていました。するべき家事の最低ラインがわからないので、自分のやりたいことや、今日じゅうにしなくても困らないエアコンの掃除など、優先度の低い家事を先にはじめて、時間が足りなくなっていたのです。結果的に翌日にその家事を持ち越し、することが増えて終わらず、と負のループに。

日ごとの家事は「朝家事」「基礎家事」「夜家事」の3種類に分かれます。たとえば朝ならベッドメイキング。ふとんをきれいにふわっとさせるだけで片づいて見えます。寝る前には本やリモコンを定位置に戻す「リセット片づけ」をすると翌朝片づけから始めなくてもすみます。それぞれの家事には適した時間帯があるのです。

45ページを参考に、毎日行う家事をすべて把握し、慣れるまではメモを見たり、チェックリストを作りながら行います。暗記して自然に動けるのが一番ラクな形。覚えてしまった日ごとの家事はノートの『スケジュール』に詳しく書かず、すべて達成したら印をつけるだけにしましょう。

DAILY

HOUSE WORK SCHEDULE

毎日の家事を時間ごとに区切ってまとめました

MORNING〈朝家事〉

朝に行う家事。あるいは朝のうちに終わらせたい家事。仕事のある日は出勤まで、休日は10時くらいまでを目安に設定します

- 換気
- ベッドメイキング
- ペットや植物の世話
- 家族の身じたくの手伝い
- 朝食の準備
- 朝食のあと片づけ
- キッチンの片づけ
- 家族の送り出し

BASIC〈基礎家事〉

毎日必ず行う家事のうち、時間を選ばない「いつやってもいい」家事。その日の予定に合わせて、朝昼晩の都合のいいときに行います

- 洗濯物を干す
- 洗濯物を取り込む、たたむ
- アイロンがけ
- 洗面台の掃除
- 鏡を拭く
- タオル交換
- 掃除機をかける
- 玄関を掃く
- ほこりを取り除く
- ごみをまとめる
- 家計簿記入
- 買いもの

EVENING〈夜家事〉

夜に行う家事。あるいは寝るまでに終わらせたい家事。寝る直前にするものから逆算して時間を設定します

- 夕食の準備
- 朝食の下準備
- 夕食のあと片づけ
- 風呂掃除
- リビングのリセット、片づけ
- 玄関の整とん
- 洗面所の掃除
- 戸締まりの確認
- ガスの元栓確認

CATEGORIES Nº 02

週ごとの家事（七色の家事）

WEEKLY HOUSE WORK

曜日のイメージで家事を楽しむ

週ごとの家事は、週に1度、決まった曜日に行う家事のことです。

私はこの家事を「七色の家事」と呼んでいて、ヒントとなっているのは中山庸子さんの著書『中山庸子の「夢生活ノート」小さな工夫でゆったり暮らす』です。

それぞれの曜日からイメージする家事を各曜日に設定します。たとえば月曜日なら「ツキを呼ぶ家事」として玄関掃除を、火曜日なら「火まわりの家事」としてキッチン掃除をします。

曜日のイメージから家事を思い出せるので、あまり頻度の高くない家事を忘れずにこなせます。

大切なのは「詰め込みすぎない」こと。週に1度は「予備日」を作ります。都合や体調が悪くてできなかった七色の家事は、予備日を使って埋め合わせ。こうして余白をもたせると1週間を回しやすくなります。

ノートの『スケジュール』（26-27ページ参照）では塗りつぶし式にしてみました。できた数だけ塗ることで達成感が味わえます。一方、塗れなかったものもムダではありません。空欄が多くなりがちな曜日は、忙しい日の可能性が。数を減らしたり内容を見直したりするなど、家事がとどこおる原因を探るヒントになるのです。

WEEKLY

HOUSE WORK SCHEDULE

わが家の七色の家事。あなたの週ごとの家事も考えてみてください

MONDAY

ツキを呼ぶ家事

玄関の三和土《たたき》の掃除
靴箱の整理整とん
ドアをきれいに

TUESDAY

火まわりの掃除

キッチン各所の掃除
（冷蔵庫・電子レンジ・棚）
ガスコンロまわりの掃除

WEDNESDAY

水まわりの掃除

洗面台掃除
鏡を拭く
トイレ掃除

THURSDAY

木にまつわる家事

家具の手入れ
フローリングのぞうきんがけ
クローゼット内の掃除

FRIDAY

お金と家電にまつわる家事

家計簿のチェック
家電の手入れ
（エアコン、扇風機、ドライヤーなど）

SATURDAY

予備日

終わっていない
七色の家事に取り組む

SUNDAY

明日が楽しみになる家事

コスメの手入れ
スキンケアグッズの整とん
お出かけ小物の整とん

CATEGORIES Nº 03

月ごとの家事

MONTHLY HOUSE WORK

忘れがちな家事は毎月決まった日に

月ごとの家事は、毎月決まった日にちに行う家事のことです。30～31日分を忘れがちな家事に割り当てます。

たとえば毎月8日は「歯ブラシ交換の日」という記念日にちなんで、歯ブラシを新しいものに交換し、ストックを買い足す日にしています。そのほかキッチンスポンジ、コンタクトレンズのケース、浄水器のカートリッジなど、毎月～数か月おきに交換するものの管理にも向く方法です。忘れがちな部分の掃除にあてるのもいいですね。

私は家事ノートのメンテナンス日も月ごと家事のなかに作っています。たとえば『スケジュール』（26－27ページ）は毎月28日に作っておきます。これで翌月の家事がとどこおることはありません。毎月5日にはおつきあいページをチェックし、手みやげによさそうなものをメモしたり、この1か月の間に書き忘れたいただきものがないかなどを確認します。

その日じゅうにできなかった場合は、1週間以内にやることをルールに。そうしないとその家事は翌月に持ち越しになってしまいます。それでもできないときは設定した家事の内容が重いせいかも。たとえば「靴箱の掃除」を「靴を出す」「棚を拭く」など簡単な家事に分解して再チャレンジしましょう。

HOUSE WORK SCHEDULE

忘れがちな小さな家事はこうしてカレンダーに組み込みましょう

1 キッチンスポンジ交換	2 インターホンの掃除、乾物ストックのチェック	3 （奇数月）浄水器カートリッジ交換（偶数月）コンタクトレンズケース交換	4 大物家具を動かして掃除	5 おつきあいログのメンテナンス ⇒P.108
6 虫の目で掃除（※床にかがんで汚れをチェック）	7 ブレーカーカバー掃除	8 歯ブラシ交換	9 カップの茶渋取り	10 トイレタンク掃除
11 家にあるレトルト食品の整理、定番品リストのメンテナンス ⇒P.74	12 散らかりがちな場所をチェック	13 献立や作りたいレシピを考える	14 リモコン手入れ	15 洗濯槽の掃除
16 キッチンスポンジ交換	17 冷凍庫の掃除	18 照明の手入れ	19 ケトルの手入れ	20 冷蔵庫のすき間をチェック
21 消臭剤の減りをチェック	22 ブラシ・くしの手入れ	23 DM・ハガキの整理	24 重要書類の整理	25 浴室サッシの掃除
26 家具や扉の「角」部分の掃除	27 浴室天井の掃除	28 翌月の『スケジュール』作り ⇒P.24		
29 靴箱の掃除	30 電子レンジの集中掃除	31 予備日		

CATEGORIES Nº 04

季節の家事

SEASON HOUSE WORK

季節によって変わる家事を理解しよう

季節の家事は2種類。春夏秋冬に合わせた家事と、その中でも「○月中にする」と具体的な取り組み時季が決まっている家事です。

たとえば春夏秋冬の家事。春なら花粉対策としてカーテンを普段よりこまめに洗濯したり、マスクや目薬を常備したりします。

今月中にやっておきたい家事は、たとえば6月なら梅雨対策、9月なら風鈴をしまい、11月なら年賀状の準備などです。

ノートの『スケジュール』（26-27ページ）に書くときは、51ページの季節の家事リストを見ながら「今月すること」を選び、一番下の6つの枠の該当する部分に振り分けます。

たとえば6月の「季節の家事」を考えてみましょう。憧れ家事の欄に「梅しごと」、おつきあいの欄に「暑中見舞いの準備スタート」を記入します。掃除・手入れの欄には「こまめに風通し」や「春の衣類をクリーニングへ」などが入ります。

リストから「クローゼットの防虫剤交換」「害虫対策・蚊対策」をピックアップした場合、買うものの欄には「防虫剤、蚊取り線香、かゆみ止め」と必要なものを記入して、家事のすべてを連動させていきます。

SEASON

HOUSE WORK SCHEDULE

季節家事の一例です。家庭によって必要な家事は異なります

SPRING〈春の家事〉

3月
- お彼岸の準備（おつきあい）
- ひな祭りのあと片づけ
- 冬の衣類をクリーニングへ
- 春の衣類を出す
- 入学祝いの準備（おつきあい）

4月
- お花見（憧れ家事）
- 母の日プレゼント検討（おつきあい）
- GW の予定を検討・手配
- ジャムを手作り（憧れ家事）
- 冬物寝具の片づけ

5月
- 帽子や日傘の準備
- 母の日プレゼント準備（おつきあい）
- 新茶の用意（憧れ家事）
- 父の日プレゼント検討（おつきあい）

梅雨じたく
- 傘・雨具の手入れ
- 傘・雨具の新調を検討
- 乾物類を使い切る
- 除湿機や除湿剤の購入を検討
- 天気のいい日に風通し

春全般
- 花粉対策（カーテンをこまめに洗濯）
- 黄砂対策（窓ガラス・網戸をこまめに掃除）

SUMMER〈夏の家事〉

6月
- 雨具をその都度手入れ
- 梅しごと（憧れ家事）
- 父の日プレゼント準備（おつきあい）
- 春の衣類をクリーニングへ
- 夏の衣類を出す
- クローゼット内防虫剤の交換
- 暑中見舞いの準備スタート（おつきあい）
- お中元の検討（おつきあい）
- 害虫対策・蚊対策

7月
- 浴衣の着つけ練習（憧れ家事）
- お中元発送（おつきあい）
- すだれや風鈴を出す（憧れ家事）
- 暑中見舞い送付（おつきあい）
- お盆の予定を検討・手配

8月
- 残暑見舞い送付（おつきあい）
- お盆の準備

夏全般
- 扇風機の手入れ
- エアコンの掃除
- 網戸をこまめに掃除

AUTUMN〈秋の家事〉

9月
- 夏の衣類をクリーニングへ
- 夏の寝具をしまう
- 夏小物をしまう（風鈴・扇風機など）
- 防災用品の点検
- 秋冬衣類を出す
- お月見の用意（憧れ家事）
- お彼岸の用意
- クローゼット内防虫剤の交換

10月
- ハロウィンの準備（憧れ家事）
- 夏の靴をしまう
- 秋冬靴を出す

11月
- 暖房器具を出す
- マフラーや手袋を出す
- 年賀状の検討（おつきあい）
- 年末年始の予定を検討・手配

秋全般
- 虫干し・風通し
- 暖房器具の手入れ

WINTER〈冬の家事〉

12月
- 来年使う新札を用意（おつきあい）
- 年賀状発送（おつきあい）
- クリスマスの準備（憧れ家事）
- 正月用品の準備
- お年玉の用意（おつきあい）

1月
- 七草がゆを作る（憧れ家事）
- 正月飾りの片づけ
- 年賀状整理（おつきあい）
- 住所録整理（おつきあい）
- タオル・下着をおろす

2月
- 節分の準備（憧れ家事）
- バレンタインの準備（憧れ家事）
- 義理チョコのお返し用意（おつきあい）
- ひな祭りの準備（憧れ家事）
- 裁縫道具の点検・針供養（憧れ家事）
- 真冬の服をクリーニングへ
- 真冬の服をしまう

冬全般
- 暖房器具の掃除
- 窓の結露を拭く（または対策）
- 加湿器の手入れ

CATEGORIES N° 05

天気家事

WEATHER HOUSE WORK

天気によってやりたい家事は変わります

天気家事は、特定の天気の日にしておきたい家事のことです。

普段から汚れが気になっていたのが「窓」「網戸」「カーテン」の3つです。掃除しよう、洗おうと思ったときは、時間がなかったり、天気が悪かったりして、なんだかタイミングを逃していました。

わが家では晴れの日にレースのカーテンの洗濯、雨上がりや小雨の日に窓掃除やベランダ掃除、くもりの日に網戸掃除と遮光カーテンの洗濯をしています。

洗ったカーテンはレールにつるして干すことになるのですが、わが家はワンルームなので部屋が暗くなってしまいます。そこで晴れた日にレースのカーテンを、遮光カーテンはくもりまたは雨の日に洗うようにしたところ、「晴れているのに、カーテンを閉めて電気をつけるのはいやだなあ」と思うことがなくなりました。

ノートの『スケジュール』(26-27ページ)の「天気家事」欄では、枠を1週間ごとに分けて、天気家事を2つずつ入れるようにしています。たとえば第1週目の天気家事は、晴れの日がカーテンの洗濯、くもりの日が窓掃除。予想できない天気ですが、このくらいの数だと達成しやすいのです。

CATEGORIES Nº 06

憧れ家事

LONGING HOUSE WORK

梅しごと、みそ作り…。憧れる家事もある！

憧れ家事とは、必ずしなければいけないことではなく、できたら素敵だなあと思う、ゆとりを感じさせる家事のこと。たとえば梅しごと、みそ作り、家庭菜園、お菓子作り。それから季節の行事。

かつて部屋が散らかっていたころ、私が何よりやろうとしていたのがこの「憧れ家事」でした。これができていたら「丁寧に暮らしている」感じがすると思ったからです。もちろん余裕がある方がするなら、本当に素敵で素晴らしいことです。また、家事が回らないときにやる気を出すためにほんの少しだけ取り入れるなら、いいスパイスにもなります。でも、私のように憧れ家事を優先するあまり、日々の最低限の家事があと回しになっては本末転倒ですよね。

まずは日ごと、週ごと、月ごとの家事をスムーズにこなし、生活が落ち着いてから少しずつ憧れ家事をはじめたいところ。だから、この家事は「ごほうび」。やるべき家事をこなし、それでもまだ余力があるという証なのです。『スケジュール』（26-27ページ）には「憧れ家事」専用欄があります。やってみたい家事はそこに書いておきましょう。できなくても問題ないので、プレッシャーを感じないように。

CATEGORIES Nº 07

家族のサポート

SUPPORT

家族のお世話も家事のひとつととらえよう

家族のサポートは、自分以外の誰かのためにする家事のこと。具体的には、夫や子どものためにすること、両親の介護のほか、植物やペットの世話なども含みます。

わが家では、夫・子ども（乳児）・猫2匹の家族サポートがあり、これが日々の家事の大部分を占めています。

育児や介護などは家事に含めずに考えている方が多いのではないでしょうか。でも、それが家事をパンクさせている要因かもしれません。日々どんなお世話をしているか、一度書き出してみると、1日にすることの総量がわかります。

家族のサポートには、毎日することとイレギュラーなものがあります。

毎日する家族サポートなら、たとえば子どものおむつ替えや授乳、宿題を見てあげること、ペットのトイレ掃除などが挙げられます。

一方、イレギュラーな家族サポートなら、予防接種や習い事の送迎、両親の介護ならケアマネージャーとの打ち合わせや通院の送迎などがあるでしょう。

イレギュラーなものは家事ノートの『スケジュール』（26-27ページ）の「家族サポート欄」にメモしておくと忘れないうえ、事前の準備がある場合もスムーズに行えます。

HOUSE WORK SCHEDULE

わが家に必要な「家族のサポート」を洗い出してみましょう

夫

- お弁当作り
- クリーニング
- アイロン

乳児

- おむつ替え
- 授乳・ミルク
- おむつの補充
- 哺乳びん煮沸
- 予防接種
- 保育園準備
- お風呂
- 遊び

幼児

- 遊びサポート
- 知育
- 歯みがき
- 保育園・幼稚園準備
- お弁当作り
- お風呂
- 予防接種

小学生

- 音読を聞く
- 連絡帳チェック
- 時間割チェック
- 宿題を見る
- 体操着・給食着などの準備と手入れ
- 知育
- 習い事・塾への送迎

両親

- 買いものサポート
- 家事サポート
- 食事のサポート
- 病院の送り迎え
- ケアマネージャーなどとの打ち合わせ
- デイケア・デイサービスへの送り出し

ペット

- トイレ掃除
- フードの買い出し
- 散歩

CATEGORIES Nº 08

おつきあい

ASSOCIATION

おつきあいも主婦の大事な家しごとです

おつきあいは人づきあいにまつわる家事のことです。記録しておくと、いざというときに困りません。またお金が必要になることも多いので、家計管理の要素もあります。記録していて損はありません。

●冠婚葬祭

結婚式参列の準備は、ご祝儀袋や新札を用意したり、返信ハガキを書いて送ったりする必要があります。出席できない場合はお祝いを送りますし、礼服やドレスの管理やクリーニングも。意外とやることがたくさんあります。

そのほか、出産のお祝い、葬儀参列の準備、喪服の管理なども。

●ごあいさつ

暑中見舞いや年賀状などの準備をしたり、引っ越したり、ご家族の増えた方の情報を住所録にメモしたり。便せんや切手、封筒などの補充もあります。

●贈答

お中元やお歳暮の準備、誕生日プレゼントの用意、母の日や父の日などの贈り物準備、お礼状の用意など。

必要に応じて『スケジュール』(26-27ページ)の「おつきあい」欄に予定を記入します。情報は『ログ』の「おつきあい」(108ページ〜)項目にその都度記録しておくと、簡単に振り返ることができます。

HOUSE WORK SCHEDULE

知人や親せきの数、おつきあいの深さによって内容は変わってきます

冠婚葬祭・法事

- ご祝儀袋・不祝儀袋の用意や記入
- 新札の用意
- お祝いの検討・用意・発送
- お返しの検討・用意・発送（内祝いなど）
- 礼服の手入れ

ごあいさつ

- 年賀状の準備
- 暑中見舞いの準備
- いただいたハガキ・手紙の整理
- 住所録整理

冠婚葬祭以外の贈答

- お中元・お歳暮
- 贈答の記録
- お年玉
- いただいたお年玉の記録
- 誕生日祝い
- 手みやげ、差し入れ

HOUSE WORK NOTEBOOK
COLUMN

片づけの基本 5つのステップ

私が考える片づけの方法を紹介します。
片づけの効果を実感でき、途中でストップしても散らかりません

3年前までごみ屋敷のようだったわが家。もちろん何度も片づけに挑戦していました。

あるときは数日間で終わらせようと家じゅうのものをひっくり返して。またあるときは1日ひとつずつ捨てる方法で。ところがなにをしてもいっこうに片づかないのです。

一気に収納箱を空っぽにするのは爽快でしたが、散らかってうんざりしました。ひとつずつ捨てるのはラクでしたが、片づいた実感がなく、いつの間にか飽きていました。

そこで思いついたのが、確実に片づいていると感じられ、さらに片づけを一時停止しても散らからない方法。「逃げ道のある片づけ」です。

それは、あらかじめ決めておいたタイムリミットまでに目標の片づけが終わらなければ、途中でやめられる仕組みです。片づけをゲームのように気軽で、ストレスのないものにできます。

STEP 1 ルールを決める

まずはルールを決めることからはじめましょう。

片づける部屋を決める：どの部屋を片づけるか決めます。トイレ・洗面所・キ

（ 用意するもの ➡ 箱4つとごみ袋1枚です。）

BOX 4
おやすみBOX
タイムリミットが来たときに、仕分け終わっていないものはここへ

BOX 3
捨て方不明ボックス
捨て方がわからないものを一時保管するための箱

BOX 2
保留ボックス
要・不要の判断がつかないものはここへ

BOX 1
残すものボックス
残すものはすべてこちらへ。小さめの箱を使って、小物を分けても

GARBAGE BAG
ごみ袋
不要なものを入れます。可燃ごみ、不燃ごみ、その他用の３袋を用意

ッチンなどからはじめるのがおすすめ。消耗品が多く、「使用期限切れ」「多すぎる」など捨てる判断をしやすい場所だからです。

タイムリミットを決める：作業にかける時間のリミットを決めます。「引き出し一段」などごく小さなスペースなら1時間。「クローゼット」「押し入れ」などもう少し広いスペースの場合は3時間ほどに設定しましょう。

具体的な片づけ場所を決める：選んだ部屋のなかから、具体的にどこを片づけるのか決めます。たとえばキッチンなら「シンク下の収納スペースだけ」、リビングなら「テレビボードの引き出しだけ」など、狭いスペースからはじめるのがポイント。

STEP 2 すべて出して整理する

ここからは「整理」のステップです。

ものをすべて出す：ステップ1のルールが固まったら、決めたスペース内のものを一度すべて出します。

ひとつあたり最大10秒で判断する：ものをひとつずつ手に取り、10秒以内に要・不要を判断します。明らかにいらないものは瞬時に判断。ただ、もし少しでも「迷い」があるなら、最大10秒まで待ち、それでも答えが出なければ「保

片づけの基本 5つのステップ

留」にします。

10秒以内ですばやく判断すると勢いで必要なものまで捨ててしまい、逆に10秒以上かけるとさらなる迷いが生まれて停滞してしまう傾向が。迷ったときの適正な判断時間は10秒と、私自身の体験をもっていえます。

振り分け先は5種類：振り分け先は5種類あります。箱4つとごみ袋を用意しましょう。わが家で利用しているのはＡ４サイズのバンカーズボックス。積み重ねられるので狭い家でも場所をとりません。

①ごみ袋　いらないものを入れます。

②残すものボックス　残したいものを入れます。

③保留ボックス　10秒悩んでも要・不要の判断ができなかったものをここへ。

④捨て方不明ボックス　いらないものはごみ袋へ直接入れるのが基本。そのなかで捨て方がわからないものも出てくるはず。たとえばＣＤ、電池やねじ、ペンチなど。このボックスに一時的に入れておき、ひと部屋分の作業が終わった時点で捨て方をまとめて調べ、処分します。

⑤おやすみボックス　タイムリミットが来たら、未着手のものをすべてここへ。片づけを中断して散らかるのを防ぐため、「逃げ道」として用意する箱です。

タイムリミットが来たらすべて「おやすみボックス」に入れる：まだ要・不要

の判断をしていないものはすべて「おやすみボックス」へ入れておきます。捨てるかどうか迷う「保留ボックス」とは異なるので注意。

片づけにうんざりする要因の1つは、すべて出すことで部屋が散らかってしまうこと。でも、この方法なら散らからないので、片づけ再開日まですっきりと過ごせます。必要なものはすべて「残すものボックス」「保留ボックス」「おやすみボックス」のいずれかに入っています。再開日前の探しものはここから。

再開日になったら「おやすみボックス」の中身をすべて出す：再開のタイミングは、たとえば次の休日、2日後の夜など。「おやすみボックス」の中身をすべて出すことからはじめます。これまでと同じように要・不要の判断を。次に「保留ボックス」も再確認しましょう。少し寝かせたから判断できるかもしれません。それでもわからなければひと部屋が片づいた段階で再チェック。まだ迷うようなら思い切って捨てましょう。

すべての振り分けが終わったら「残すものボックス」を整理する：設定した収納スペースをすべて整理できたら、次の収納スペースに取りかかる前に「残すものボックス」の中身を取り出し、文房具・本・書類・雑貨などカテゴリーごとに分けて一時保存。収納場所の決定を待ちます。このとき、収納ケースや空き箱、缶など「収納グッズ」もまとめておくと便利。ここまでできたら、再び

片づけの基本 5つのステップ

ステップ1の「具体的な片づけ場所を決める」に戻りましょう。

STEP 3 収納のお試し期間を作る

ひと部屋分の整理が終わったタイミングで「収納」のステップへ。この時点では「定位置」を決めず、仮置きしてみます。空いた棚に並べたり、箱や引き出しに入れたりするだけ。「意外としまいにくい」「これとこれはセットのほうが使いやすい」など、実際に使ってみてはじめて見えてくる問題点があるからです。家族にも使って確認してもらいたいので、お試し期間は最低でも2週間ほど設定しましょう。なお、『あれどこ？ ログ』（70ページ）に仮置き場所をメモしておくとあとで探しものをしなくてすみます。

STEP 4 定位置を決め、収納グッズを揃える

お試し期間が終わったら、使いやすかった場所を定位置と決め、ここでいよいよ収納グッズを揃えていきます。このときに『収納マップ』（68ページ）を作っておくと便利です。

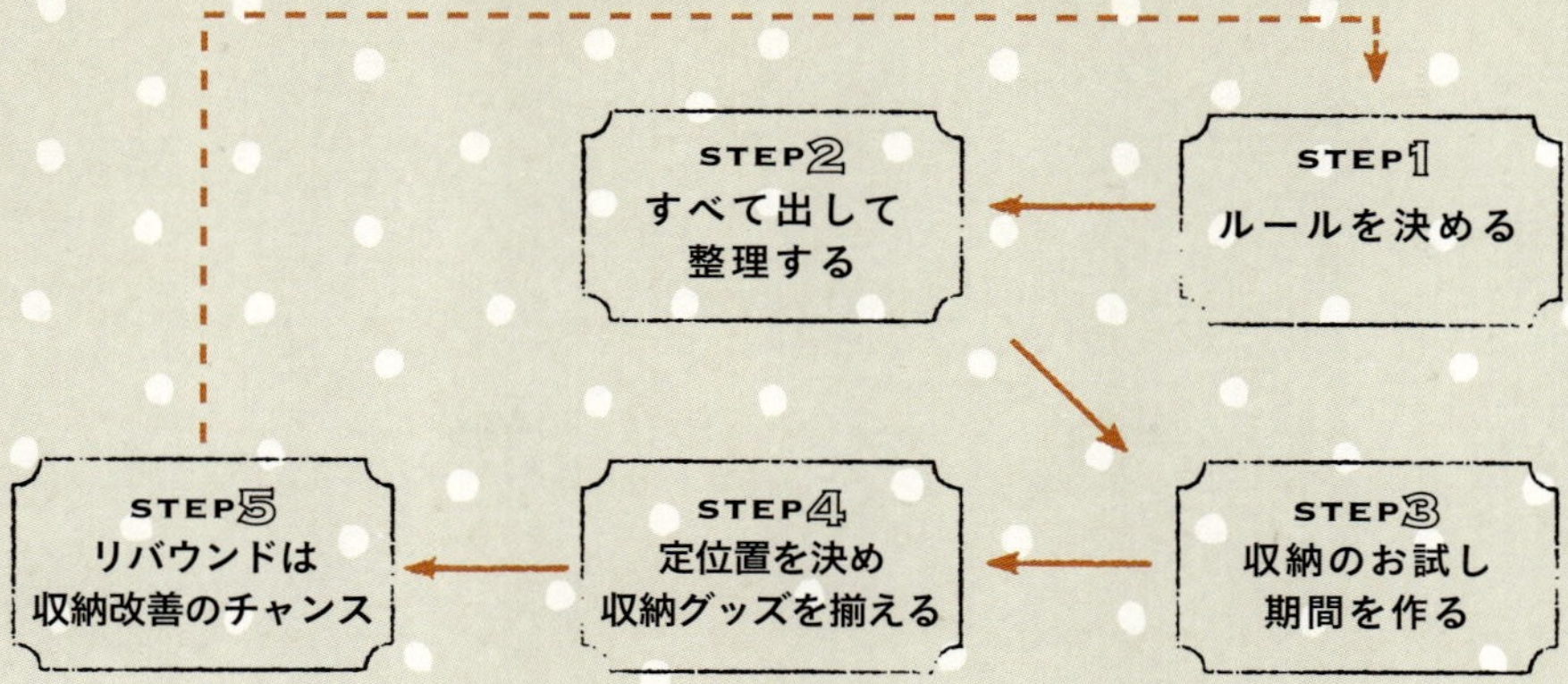

STEP 5 リバウンドは収納改善のチャンス

すっきり片づいたはずの部屋が、また散らかってしまい、元に戻せない状態を「リバウンドする」といいます。

結婚や出産、子どもの独り立ちなどにより、使うものやライフスタイルが変わって収納がリバウンドしてしまうことがあります。でも、リバウンドするのは必ずしも悪いことではありません。「ここの使い勝手が悪い」「ものが増えすぎている」、そんなサインだからです。リバウンドしてしまったときは、「どこで」「なにが」「どんなふうに」散らかっているかをメモし、ステップ1〜4までの流れに再チャレンジしてみましょう。

「逃げ道のある片づけ」とは、片づけ途中に部屋が散らかってしまうことを避けるために「おやすみボックス」という逃げ道を用意する方法です。なお、この「おやすみボックス」は、部屋が片づいたあとにも活躍します。ちょっとした来客時や、作業を中断するときに、ものの逃げ道になりますよ。

COLUMN

家事にまつわるQ&A

ブログやツイッターに寄せられるお悩みに回答します。
家事をまわすヒントになれば幸いです

Q1
やる気が出ないときはどうしたらいい？

A

やる気が出ないときは（1）身だしなみを整える（エプロンをつけたり髪を結んだり）（2）環境を変える（換気する／温度調節）（3）テンポの速い音楽をかける、などなにか違うことをすると動きやすくなります。また「この1つだけ」「1分だけ」と目標値を決めるのも効果的。

Q2
病気のときも家事をしなくちゃいけない？

A

体調が「すごく悪いとき」「ちょっと悪いとき」それぞれで〝なにをどこまでやるのか〟決めておきます。私は片頭痛で寝込むときは猫の世話と育児以外の一切を放棄しています。体調が悪くても動けるときは、掃除はするけど食事はお総菜を買うなど、「する・しない」の線引きを前もってしておくとラク。

Q3
優先順位がわからずパニックに。どうすれば？

A

私なら（1）育児やペットの世話など命に関わること（2）今日じゅうにしなくてはいけないこと（3）今すぐできてすぐ終わること、の順で行います。衛生観念やライフスタイルはご家庭によって異なるので「洗濯は毎日じゃないと無理！」など、家事のマイルールを知っておくといいですよ。

Q4
片づけのゴールがわかりません…

A

整理収納アドバイザー仲間でも「いつでも完ぺきにきれいな家」の人はあまりいないと聞きます。「ものそれぞれに定位置が決まっていて、散らかっても戻せる状態」が私の考えるゴール。元に戻すまでの時間は、私は20分を目安にしていますが、家の広さや家族の人数に合わせて調整を。

Q5
散らかすばかりの家族。どうしたら協力してもらえる？

A

わが家では99％の家事、育児が私の仕事。残りの1％は「夫のごみ出し」。ごみをまとめて玄関に置いておけば夫が出かけるときに持って行ってくれますが、そこまでしないとそのまま家を出ます。逆にいうと「すぐできる状態」「やり方がわかりやすい状態」になっていれば協力してもらえるかもしれません。

Q6
ノートに書くのは面倒！何かいい方法ある？

A

究極の家事リストの形は「暗記」だと思います。1日の時間割や家事の流れが頭に入っていると、何も見ることなく、準備することなく動けるからです。私は「毎日する家事」だけを何とか暗記しました。まずは内容を書き出し、こなしやすい順序になるよう並べ替え、勉強するように覚えます。

Q7
やってもやっても達成感を味わえません。そんなもの？

A

家事に終わりはありません。達成感がないとやる気が出ませんよね。だから、私は「できたこと」を探しています。「テーブルを拭いた」「ベッドメイキング」など、小さなことでも数えてみるとすごくたくさんのことができているはず。自分をほめてあげることが家事を楽しむスタートラインだと考えています。

Q8
嫌い･苦手な家事を好きになる方法はある？

A

「好きこそものの上手なれ」ということわざがありますが、逆もまたしかり。家事が嫌いなのは「うまくできないから」かもしれません。そう考えるといろいろな対策があります。たとえば、やり方を調べてみる。便利な洗剤やグッズを買ってみる。私も「できる」ようになったら嫌いだったお風呂掃除が大好きになりました。

Q9
献立を考えながら買いものをするのが苦手です

A

事前に献立を考えるのがベストですが、急な買い出しでもメニューに迷わないように献立セットを考えて作っておくと便利です。「ハンバーグの日はポテトサラダ、にんじんのグラッセ、生野菜、スープ」など。また、「毎日ごはんのヒント集 (P.89) があれば、曜日ごとに選ぶだけで献立が決まります。

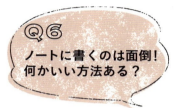

HOUSE WORK NOTEBOOK

CHAPTER 03

COMBINE MONO, KOTO, AND FAMILY,RELATIONSHIP

家事ノートに『ログ』をまとめる

毎日何かを探したり、調べたりしていませんか？
献立や買うものを考えるのに
たくさんの時間を割いていませんか？
『ログ』は、わが家のあらゆる情報をまとめたページです。

うちのモノ No 01

収納マップ

STORAGE MAP

家じゅうの収納スペースを家族で共有できる

友人の結婚式で京都へ行ったときのこと。家のことを夫に引き継ぐ間もなくあわただしく出発した結果、京都にいる間じゅう、夫から「あれどこ?」のLINE。こんな経験がおありの方もいらっしゃるのではないでしょうか。

この経験から生まれたのが『収納マップ』です。家じゅうの収納スペースについて家族と共有できるようにまとめたマップで、2種類用意しています。

■収納マップ(鳥の目)

鳥のように上から見たイメージ図。部屋全体の簡単な図を作り、収納家具を書き込みます。部屋ごと、さらにそれぞれの収納スペースごとにアルファベットを振ります。

■収納マップ(猫の目)

猫のように地面から見たイメージ図。収納家具の絵(または写真)を用意して、扉や引き出しの中に何が入っているのかを簡単にメモします。

■収納マップの使い方

「猫の目」でお目当てのものを見つけたら、アルファベットを確認し「鳥の目」で場所を確認します。収納を片っ端から開けるより、はるかに早く探しものが見つかるはずです。

収納スペースごとの記号を使って『あれどこ?ログ』(70ページ)とも、関連づけることができます。

収納マップ（鳥の目）

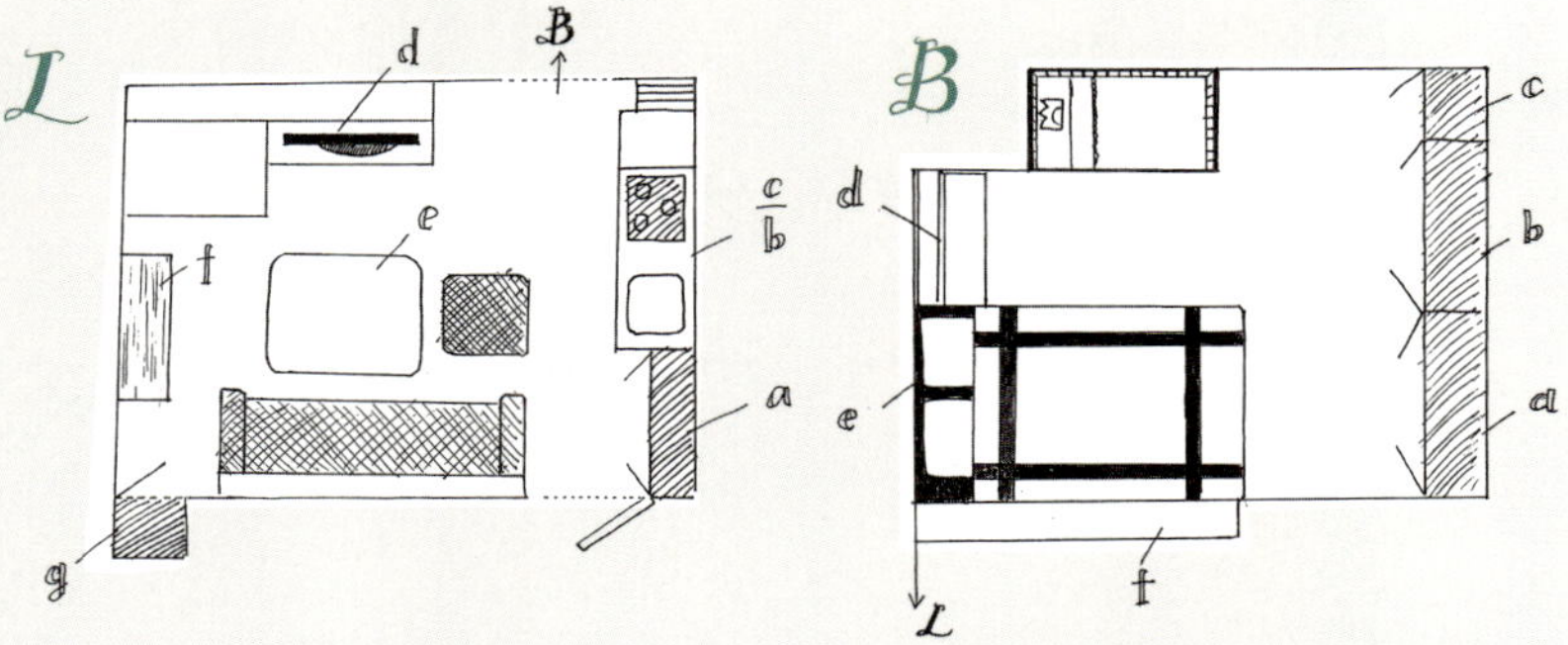
L
B
d
e
f
c
b
a
g
B
c
d
b
e
a
f
L

収納マップ（猫の目）

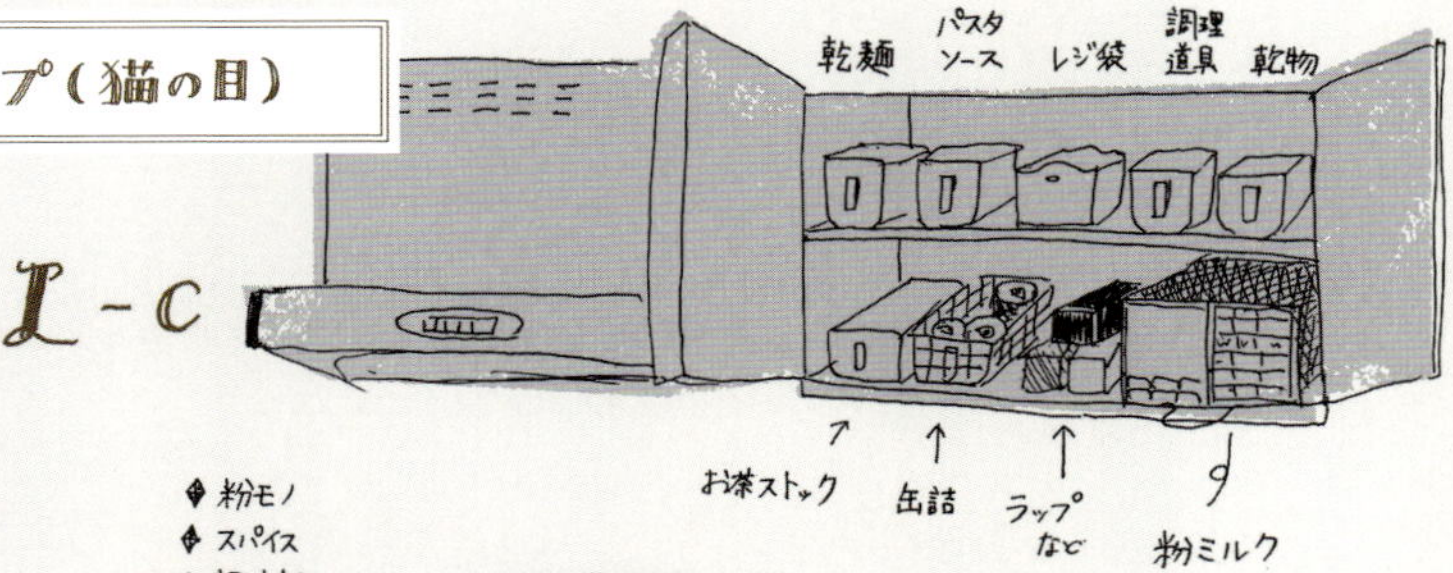
L-C
乾麺
パスタソース
レジ袋
調理道具
乾物
お茶ストック
缶詰
ラップなど
粉ミルク

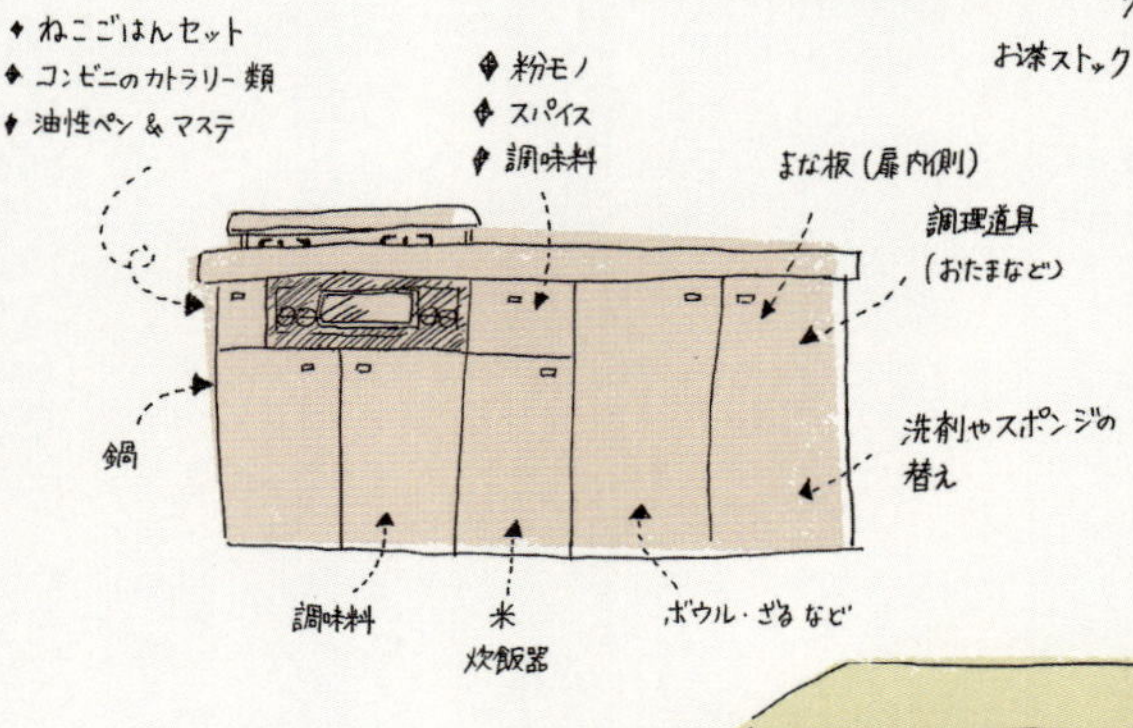
・ねこごはんセット
・コンビニのカトラリー類
・油性ペン＆マステ
・粉モノ
・スパイス
・調味料
まな板（扉内側）
調理道具（おたまなど）
鍋
洗剤やスポンジの替え
調味料
米
炊飯器
ボウル・ざるなど

L-f
救急セット
文房具
ノートストック
交換頻度の少ないストック
資料、本
ノート
キャットフード
猫砂
a.
b.
c.
a. 夫下着
b. くつした・タイツ
c. 妻下着
e お手紙セット

うちのモノ №02

あれどこ? ログ

"WHERE IS THAT ?" LOG

捨てた? 変えた? ものを動かしたら記録しよう

ある朝、夫に「今日、パスポートを持っていくから」と言われました。探してても見つかりません。そういえば先日、取り出しにくかったので定位置を試験的に変えてみたのでした。でもどこに変えたのか思い出せないのです。

収納はライフスタイルの変更に合わせて変えたり、使い勝手が悪いときに違う場所にしてみることも必要です。でも、忘れっぽい私は「何をどう変えたのか?」「あれは捨てたっけ?」と、収納場所の変更や、ものを処分したのかどうかさえ忘れてしまいがち。そんなときの備忘録として作ったのが『あれどこ? ログ』です。

『あれどこ? ログ』とは、ものの定位置を変えたり捨てたりしたときの記録です。「あれはどこにしまったっけ?」とわからなくなっても、このログを見ればすぐに場所がわかります。何かを変更したら忘れず記入しておきます。

●『あれどこ? ログ』の作り方

時系列にメモしていきます。ポイントは3種類の記号を使うこと。

(捨) 捨てたものをメモ。

(変) 収納を変えたときにメモ。

□ToDo あとですることを思いついたら、ここに記入。『収納マップ』(68ページ) の記号を使って連動させます。

あれどこ？ログ

㊎捨 捨てたモノ
㊎変 変更点
□ To Do
チェック日 毎月12日

2016

7·26 体重計　洗面所 → L-E 右下の下へ

8·31 L-H（キッチン側：1段目）を整理

(捨) うさぎのぬいぐるみ、フラッグ柄手ぬぐい
(変) 8割空っぽにして
「やりかけBOX」にしてみる。
☑ 温度計のエラーについて調べる

9·1 急な来客のため 隠し作業。
きちんと整理できたら ☑ を。

☑ 届いた段ボール ×2 ⇒ 寝室
☑ 衣類 & カゴ ⇒ B-a
□ 移動式書斎 }
□ テキスト } ⇒ L-g
□ 段ボール ⇒ ~~床下~~ ⇒ L-g

9·2 キッチン前の バンカーズボックス
(変) ごみ分別BOX にしてみよう！

わが家の収納大公開

ワンルームのわが家では「狭さ」をカバーするために
便利グッズを多用しています。

ウォールポケット

ウォールポケットは、ずぼらさんにおすすめ。「見える化収納」を簡単にかなえてくれるアイテムです。ショップカードや外出時の持ちもの、レシピカードなどを入れておくと「探す」手間がなくなります。

つっぱり棒

収納の定番グッズですが、わが家のように家の狭さでお悩みの方におすすめのアイテム。つっぱり棒の取りつけ方を工夫すれば、床にものを置かず「空中収納」することができます。すると、「動かす」手間がないので、掃除がはかどります。

ブック型ボックス

本の形をしたボックス型の収納ケースです。凝ったデザインのものが多く、ざっくり詰めて出しっぱなしにしても生活感が出ません。小さいものにはペンやメモ、大きなものには文房具や、一緒に使うものをセットにして入れても。より大きなものをしまいたいときは、おしゃれなトランクがおすすめです。

うちのモノ No 03

うちの定番品リスト

CLASSIC LIST

いつも買うわが家の定番品は、リストで管理を

私が汚部屋脱出のために最初にしたことは、キッチンや洗面所にあった大量の消耗品とストックを片づけることでした。すると、出てきたのは賞味期限切れの乾物やスパイス。洗面所にはいろいろなブランドのシャンプー。

定番が決まっていなかったり、商品名が思い出せない、または買ってあることを忘れていたりして、必要以上に買ってしまうくせがあったのです。そこで作ったのが『うちの定番品リスト』。

●カテゴリーごとに考える

キッチンの定番品リストは、調味料、乾物など、カテゴリーごとに考えます。メーカー名だけでなく型番まで書いておくと、家族におつかいを頼む際も便利です。

●その他の消耗品は2つの軸で考える

その他の消耗品は、まず「場所」で考えます。次に個人のものなら「だれのものか？（所有者別）」、共有のものなら「どんなときに使うものか？（用途別）」という流れでチェックしていくと漏れがありません。

●作ったリストはスマホにも入れる

このリストは、家事ノートのなかに収めるだけでなく、写真やデータにしてスマホにも入れておくと、外出先でも迷わずにすみ、ムダな買いものが減ります。

THEME

キッチンの定番品リスト

銘柄はもちろん、味、容量、
サイズなどの情報もメモしておきます

缶詰

ツナ缶、コーン缶、ほたて缶、フルーツミックス、トマト缶、デミグラスソース缶

スパイス

パセリ、パプリカ、一味唐辛子、クミン、ナツメグ、ガラムマサラ、ガーリックパウダー、ローリエ、サフラン

粉類・乾物

小麦粉、片栗粉、パン粉、白玉粉、粉末黒砂糖、きな粉、お好み焼き粉、春雨、麸、昆布、干ししいたけ、切りもち、のり、韓国のり、天かす

調味料

塩、こしょう、あらびき黒こしょう、てんさい糖、グラニュー糖、酢(純米酢)、りんご酢、みりん、薄口しょうゆ・濃口しょうゆ(しぼりたて)、めんつゆ(濃いだし)、サラダ油(ヘルシーオイル)、オリーブオイル(エキストラバージン)、オイスターソース、ごま油、中華練り調味料、固形コンソメ、ケチャップ、マヨネーズ、みそ(白)、ポン酢、バター、わさび、和辛子、豆板醤、コチュジャン、しょうがすりおろし、にんにくすりおろし、甜麺醤、粒マスタード、白ワイン、赤ワイン、和風顆粒だし、練乳

冷凍食品

エビフライ、餃子、ミニアメリカンドッグ、冷凍うどん、五目チャーハン、エビピラフ

インスタント食品

カップうどん、パスタ、パスタソース(ツナマヨ、たらこ、ミートソース)、そうめん、ふりかけ、ラーメン(とんこつラーメン)、麻婆春雨、肉豆腐(レトルト)、カレールウ(カレー粉末)、シチュールウ

飲みもの

ミルクココア、ほうじ茶、玄米茶、ジャスミン茶、麦茶(コンビニPB)、ルイボスティー、紅茶(アッサム)

掃除・洗剤

洗剤(除菌)、ハンドソープ、クレンザー、水切りネット、スポンジ、浄水器カートリッジ(#T600)

よく使うもの(和)

めかぶ、もずく酢、納豆、すじこ、絹豆腐、木綿豆腐、こんにゃく、しらたき、カニ風味かまぼこ

よく使うもの(洋)

ベーコン、ハム、チーズ、チェダーチーズ、ピザ用チーズ、マーガリン、いちごジャム、ピーナッツバター、グラノーラ、ヨーグルト、ドライフルーツ、ナッツ類

調理用消耗品

ラップ(3パック)、アルミ箔、クッキングシート、キッチンペーパー、ビニール手袋、保存袋(コンビニPB商品)

THEME
消耗品の定番リスト

個人のもの

	トイレ	洗面所・浴室	居間	寝室	その他
夫		ヘアスプレー(ハード) ワックス シェービングジェル シェーバー替刃 コンタクトレンズ	黒綿棒		鎮痛剤 除菌スプレー 新聞紙(雨の日用)
妻	生理用品	化粧水 アイメイクアップ リムーバー メイク落とし コットン コンタクトレンズ	白綿棒 ハンドクリーム 眉マスカラ ファンデーション(#102) アイシャドウ(#02) リップ(オレンジ)	ホットアイマスク メイク落としシート	ウェットシート 抗菌目薬 口内炎用塗り薬
娘		ベビー用洗濯洗剤 ベビー用ボディソープ	粉ミルク 乳液 ベビー用綿棒	おむつ(L) おしりふき 袋(防臭袋)	哺乳びん 哺乳びん用ブラシ2種
猫	猫砂(トイレに流せる木製猫砂) 防臭袋		ウェットフード(やわらかグリル チキン) ドライフード		けりぐるみ、爪とぎ

共有のもの

	トイレ	洗面所・浴室	居間	寝室	その他
掃除	トイレブラシ、トイレ掃除用洗剤、トイレ掃除シート	クエン酸(330g)、重曹(お徳用1kg)	ウェットシート(100円ショップ/オレンジ)、メラミンスポンジ(100円ショップ)	粘着カーペットクリーナー	
身だしなみ		シャンプー・トリートメント(ローズ&ツバキ)、洗顔フォーム、ボディソープ(さっぱり肌)、コンタクト洗浄液			
書く・作る		ペン(油性ペン・極細)	くらしレシピノート(コンビニPB商品)、メモ帳(100円ショップ)、ペン(細・黒)、ペン(太・0.7㎜)		
その他	消臭剤、トイレットペーパー	ティッシュ(コンビニPB商品)、消毒液、洗濯洗剤(ジェルタイプ)、柔軟剤	ウェットティッシュ(緑/黒)、ばんそうこう、虫刺され薬、ごみ袋(30L/45L/10L)、消臭剤		ラップ式テープ、消臭剤、ガムテープ(布)

うちのモノ N° 04

電池リスト&器のトリセツ

BATTERY LIST & INSTRUCTION MANUAL OF DISHES

手間の先取りで、買いものの失敗を防ぐ

買い足す際に手間取らないように、さまざまなものをリストにしています。『電池リスト』では、使う電池の種類ごとにアイテムをメモ。たとえば、単4電池→エアコンのリモコン（×2個）といったふうに。2本以上の場合は本数も記入します。

電池は年に1度まとめて買っているのですが、リストがあれば本数とアイテム数がわかるため、年間の購入本数の目安にもなり、買いすぎもなくなりました。

また『器のトリセツ』をまとめておくと、器の型番のほか、使用上の注意がわかります。

愛用している保存容器を買い足そうと思ったときのこと。型番がわからず、ホームページをチェックしていたら、なんと電子レンジで使用ができないことがわかりました。用途外の使用法を続けていたのです。

新しく買い足したら、型番と使用上の注意を控えておく。面倒なら器に貼られたシールをこちらに貼り替えるだけでも大丈夫。

このひと手間で、その都度調べたり買い間違えたりすることも防げます。また、器は用途外に使うことは事故にもつながるので、そのリスクも回避できます。

電池リスト

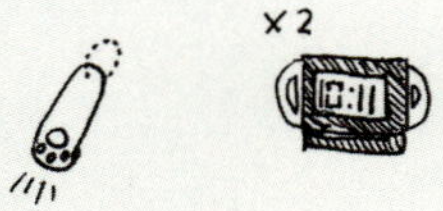

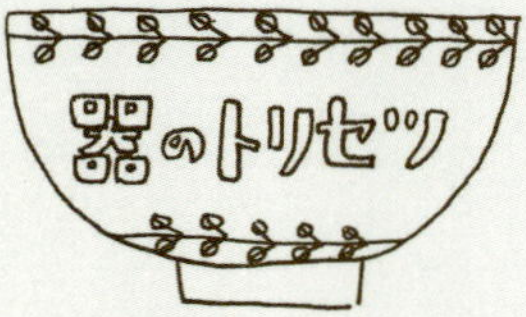

正しく使って長持ちさせる
買い足しをストレスフリーにする。

Write about

- できること／できないこと = ○ or ×
  直）直火　オ）オーブン　冷）冷凍
  食）食洗機　レ）レンジ
  ↳ 不可の時は！も
- メーカー名や型番など

コロリドスター　ココットWH
J0788-003WH
(¥180)

直×　オ○　冷？
食○　レ○

野田琺瑯　スクウェアS
ホワイトシリーズ　WS-S
(¥1,094)

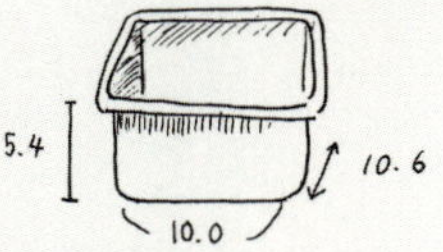

直○　オ○　冷○
食？　レ×！

iwaki　耐熱ガラス食器
ボウル 2.5ℓ　KBC325

直　オ○　冷
食○　レ○

野田琺瑯　レクタングル深型S
ホワイトシリーズ　WRF－S
(¥1,188)

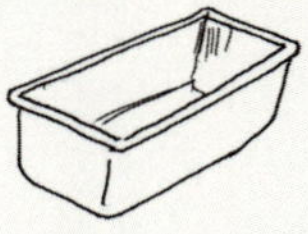

直○　オ○　冷○
食？　レ×！

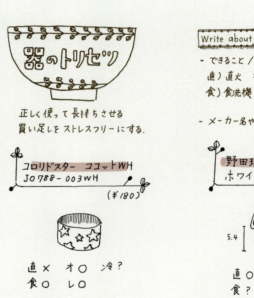

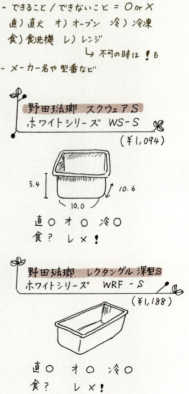

うちのモノ №05

ボックスリスト＆ウィッシュリスト

BOX LIST & WISH LIST

衝動買いを防いで、買いものの後悔をなくそう

会社帰りに１００円ショップに寄るくせがありました。よく買っていたのは収納ボックス。使いみちを深く考えず、なんとなく買っていたので、使ってみるとサイズが合わなかったり、すでに持っているものと異なる型番のものだったりと、失敗が多かったものです。『ボックスリスト』とは、家で使っている収納ケースのサイズと型番を記録するもの。作っておくと、買い足すときに便利です。買い間違えたボックスは捨てずにリストに記入し、収納グッズ専用箱へ保管。今後収納が変わったときや、まったく別な用途で役立つかもしれません。

片づけを進めていくと、どうしてこれを買ったのだろう？と思うものが見つかります。別なものを買えばよかった、と後悔することも。

『ウィッシュリスト』には、欲しいものの情報と欲しい理由を記入します。

本当に欲しいのかじっくり検討して衝動買いをなくすことと、買ってから後悔しないように、各社の同様のアイテムを比較するのが目的です。

特に意識したいのがマイナスの口コミ。そこをカバーする方法を事前にチェックする、あるいはまったく違うアイテムにする。よく考えてから買うと、失敗が減ります。

BOX LIST

Write about：収納グッズ

1. どこで買ったか？
2. 商品名や型番
3. サイズ（※印は大体の長さ）

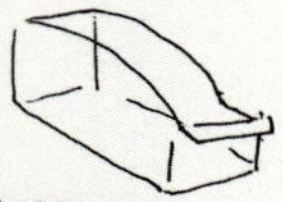

DAISO　No.1 T-591
冷蔵庫クリアトレー スリム（TH8）
10.5×31×7.5

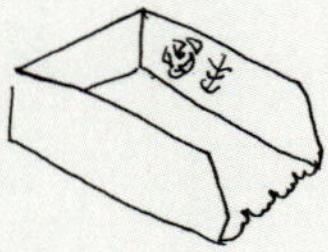

DAISO
ローズラック A4 ホワイト
（A-073／NO.241）

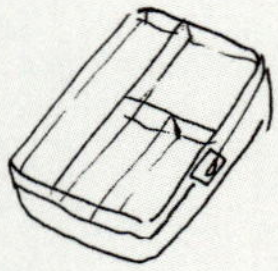

DAISO
13×21×4（※）

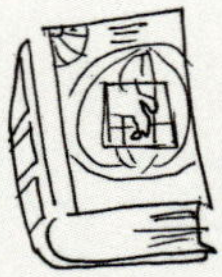

※もらったBook Box
16.5×12×4（※）

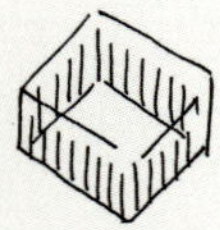

DAISO
11×10×5.5（※）

Wish List

Write about：
ほしい理由
価格・サイズ・カラー・収納スペース
他の使い道、捨て方、口コミ（デメリット）

半袖ロンパース

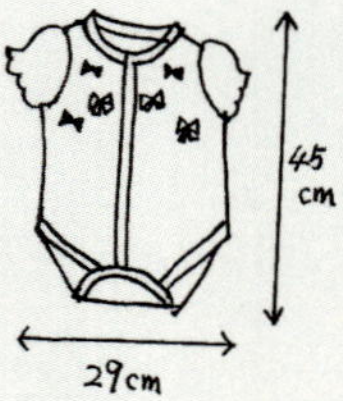

リボンいっぱい半袖前開きロンパース（¥700）

★ 80サイズでもきつくなってきたし、前開きの方が着せやすいから。

color：ピンク／クリームイエロー／ミントグリーン
size：60〜90
material：フライス　綿100％
brand：チャックル（chuckle）

→ 4ヵ月：すこしゆとりがあるくらい。

（部屋着用）カバーオール

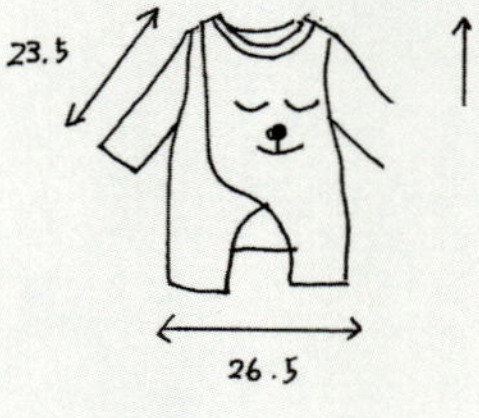

★秋冬のふだん着として。

保湿・発熱バイロフトパジャマ
カバーオール（¥1,900）

color：グレー／ピンク／クリーム
size：60〜80
material：綿70％・レーヨン30％

うちのモノ №06

衣類ログ

CLOTHING LOG

手持ち服の数と好みを知ることができる！

服を減らすコツは、似合う服を知ること、好きな服を知ること、自宅にあるすべての服を把握すること、の3つ。

似合う服を知る近道は骨格診断やパーソナル診断などを参考に、自分をより深く理解すること。ネットで自己診断もできます。雑誌に載っている好みに合わないコーディネートを切り抜いてみると、消去法で好みが浮き彫りになります。

『衣類ログ』を作ると、似合う服や好きな服の傾向、そして服の総数のすべてを把握できます。

まずは家にある服すべてを記録。トップス、ボトムスなどのカテゴリーごとに、どんな服を持っているかまとめていきます。暖かい時期と寒い時期の2パターン作るとわかりやすいです。

私はイラストで描いていますが、面倒な方は、色とブランド名をメモしたり、写真を撮って貼ったりするだけでもOK。

シーズンごとにノートを開き、衣類を捨てたら×印をつけて、捨てた理由をメモします。これを繰り返し、捨てた理由を掘り下げていくと、「似合わない」「好きじゃない」服の傾向がなんとなく見えてきます。

『衣類ログ』は、服の定数管理だけでなく、好みの分析にもつながるのです。

Clothing Note
きつい…
洗濯失敗
して縮んだ
すごく太って
見える。
Pe
マタニティ服
だから。
Pu. Ac
bag
shoes
底が薄くなった。
How to:
・定数管理
・洋服研究
（自分の好み・似合う・捨て方の
傾向）
・洋服備忘録（洗濯→クリーニング記録）
Clothing Note（洋服リスト）

うちのコト N° 01

アカウントリスト

ACCOUNT LIST

ネットサービスを多用する人へ特におすすめ

私の日常の多くの時間を奪っていた「パスワードを思い出す時間」。『アカウントリスト』はこんなストレスをなくすために作ったもの。メールアドレスごとにサービス名とIDのヒントをまとめます。こうすると、家族それぞれのアドレスで登録したサービスも記録できます。

50音順にするとわかりやすいので、余白を多めにとるか、ふせんを使って並び替えられるようにすると便利。パスワードは暗記できるので記入しません（83ページ参照）。

何でもログインの必要な時代。作っておくとストレスフリーになれます。

アカウントリスト

	rincanekoneko@yahoo.co.jp	rinca.sanjo.366@gmail.com	barofukabarofuka@yahoo.co.jp
あ行	ネットショップA evernote	Instagram rinca_fukafuka	Instagram barobarobarobaro
か行	紅茶ネットショップ 宅配便		
さ行	コンビニSプリントサービス ネットショップZ	整理収納アドバイザーSNS	ネットショップZ

THEME
パスワードの作り方

パスワードは、サービスごとに変えつつ、暗記する方法が便利。下のルール表を作るだけで、パスワードをメモする必要がなくなります。複雑に見えるかもしれませんが、やってみると意外と簡単。暗号作り気分でまずはお試しください。

STEP.01 3つのルールを決めよう

下の例を参考に「何も見なくても思い出せるもの」を数字から2文字×2つ、英字から2文字×1つ選んでください。

(**数字2文字** 例：家族の携帯番号、実家の電話番号、ペットの誕生日、家族の記念日、部屋番号、郵便番号、家族の生まれ年、など) × 2 + (**英字2文字** 例:子どもの名前、旧姓、家族の名前、ペットの名前生まれ月の英単語、出身地、出身校名、今住んでいる町名)

STEP.02 サービス名と3つのルールとを組み合わせよう

サービス名と3つのルールを組み合わせ、8文字のパスワードを作ります。

サービス名(英字)	+	部屋番号(数字)	+	今住んでいる都道府県(英字)	+	今年の年齢(数字)
上2文字		上2文字		上2文字		そのまま

順番はどんなふうでもOKです。これで合計8文字です。上から2文字、下から2文字などを選んで決めます。

STEP.03 さらに細かいパスワードのルールを決めよう

英数字については、大文字・小文字も区別すると便利です。
●＝大文字、・＝小文字を表します。

サービス名(英字)	+	部屋番号(数字)	+	今住んでいる都道府県(英字)	+	今年の年齢(数字)
●・		上2文字		・●		そのまま

STEP.04 この表を見てパスワードを書いてみよう

アマゾン(英字)	+	302号室(数字)	+	東京都(英字)	+	28歳(数字)
上2文字		上2文字		上2文字		そのまま
↓		↓		↓		↓
Am		30		tO		28

つまり、サービス名以外を覚えればパスワードが簡単に暗記できるのです！

STEP.05 毎年ルールを変えて、アカウントリストを見ながら一斉にパスワード変更を！

8文字以外にしなければいけないときは？
8文字以下 → 指定文字数まで使う　8文字以上 → STEP1のルールを増やす

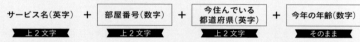

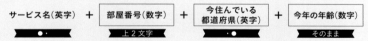

うちのコト №02

ヘルプコールコレクション

HELP CALL COLLECTION

いざというときに必要な連絡先を一覧に

寝ていたはずの娘が火のついたように泣き出しました。今までにない泣き方で、どうやっても泣きやみません。途方に暮れていたら、これまで見たことのないくらい大量に嘔吐。あんなに肝を冷やしたのははじめてです。

『ヘルプコールコレクション』はこういうときに備えて、各自治体の救急相談センターや救急病院などの電話番号、住所、携行品などをまとめておくものです。ネットで検索するひと手間を省き、緊急時にひとりでもすぐ行動できます。

命に関わる緊急時の連絡先だけでなく、ガスや水道、管理会社などライフラインの連絡先もまとめておきます。インフラについてはお客さま番号を記入しておくと問い合わせがスムーズ。また、このリストも写真におさめて携帯に保存し、電話番号を登録しておくとさらに便利です。出先で自分や家族が体調を崩したときや、鍵を忘れて家に入れないときなどに役立ちます。

とはいえ、どんなに備えていてもあわてていると判断力が鈍り、リストから必要な情報を読み取れなくなることも。だから、『ヘルプコールコレクション』は、書く順番が肝心。一番上にもっとも緊急度の高い、命に関わる情報をまとめておきましょう。

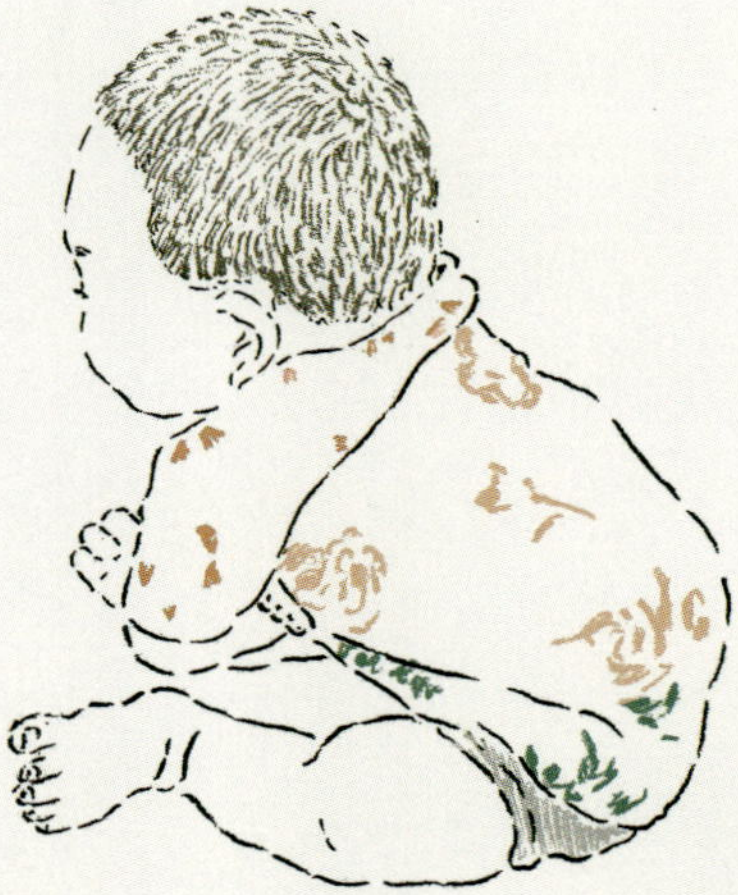

THEME
緊急連絡先リスト

なまえ	連絡先	住所	備考
東京消防庁 「救急相談センター」	#7119		緊急時はここに！
24時間電話 医療機関案内 「○○○○」	00-0000-0000		
平日夜間救急病院（小児科）	00-0000-0000	○○区○○ ○-○	※電話連絡要 ※受診時の持ち物 健康保険証、乳児医療証 ※月〜金 20〜23時
救急病院① ○○総合病院	00-0000-0000	○○区○○ ○-○-○	※電話連絡要 氏名・年齢など伝える

うちのコト №03

家族への伝言板

MESSAGE BOARD

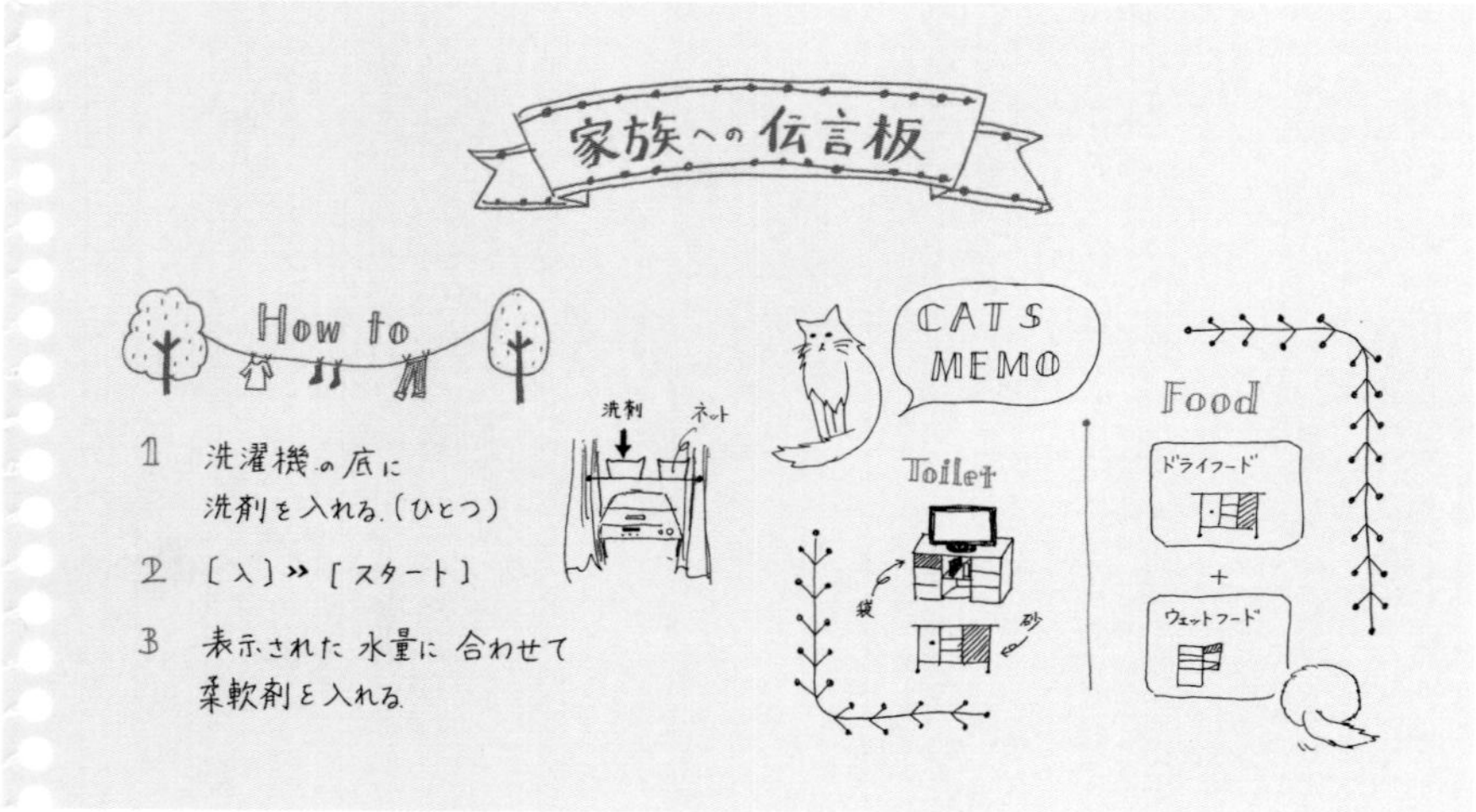

主婦が不在にしても家族が安心できるように

産前産後の2週間ほど、実母と夫だけで生活してもらうことに。そのときに考えたのが『家族への伝言板』です。

ものの共有を目的とした『収納マップ』(68ページ)はあるものの、特によく使うものや家事のやり方、猫の世話についてなどをまとめた引継書が必要だと思ったからです。

伝えたいことだけをぎゅっとまとめたメモを作り、マスキングテープでノートにぺたり。使うときはここからはがして、目につく場所や、作業をする場所に貼っておくだけ。終わったらノートに戻せば、今後も情報を共有したいときに書き直す必要はありません。

うちのコト N° 04

毎日ごはんのヒント集

HINTS

面倒な献立作りから解放されよう！

主婦が日々の毎日行う家事のなかでいちばん長く考えているのは献立作りではないでしょうか。

私の場合、1品目が決まってからが問題。それに合うおかずを考えるのが苦手なのです。残った材料を使ったレシピをネット検索していましたが、そのひと手間が億劫でした。

そのプチストレスから生まれた『毎日ごはんのヒント集』は、1週間分の献立ヒントをまとめた表です。「パン、スープ、たまご料理」とヒントだけがあるもの、「とりのグーラシュ風スープ」とメニュー固定のもの、「ハヤシライス&サラダ／パエリア&スープ」など複数の選択肢があるものの3パターン用意しています。メニューを完全に固定する方がラクですが、それによって飽きることを防ぐためです。

そのほかに主菜と副菜のレパートリーをまとめておくと、献立がさらに決めやすくなります。

もちろんこれは料理上手な方や、献立をすぐに思いつく方には必要ありません。ただ、結婚したてでお料理に慣れていなかったり、仕事が忙しかったりするなら、ぜひ取り入れていただきたいです。料理が苦手な私が、この表のおかげで本当にストレスフリーになれたのですから。

うちの副菜メニューリスト

	和	洋（and… フレンチ、イタリアン、スペイン料理 etc…）	中（and 韓国料理 エスニック etc…）
赤	ミニトマトのごま和え　トマト	トマトのチーズ焼き カプレーゼ	トマトと卵の炒めもの 中華風トマトサラダ エビチリ キムチ
緑	のりと三つ葉のサラダ　めかぶ 大葉とチーズのカリカリ焼き 小松菜と揚げの煮浸し ささげと糸こんにゃくの炒めもの 三つ葉のツナ和え ししとうとこんにゃくの炒めもの	コールスローサラダ シーザーサラダ たことじゃがいものジェノベーゼ風 ロシアサラダ	春菊のナムル 春雨ときゅうりのサラダ 豆苗とツナの中華風サラダ
黄	人参とごぼうのきんぴら ごぼうマヨサラダ 蒸しなすのごま和え さつまいものレモン煮 煮卵	ポテトサラダ マカロニサラダ 人参グラッセ 人参のチーズサラダ たまごサラダ 人参とレーズンのサラダ	人参のナムル エビマヨ

うちの主食・主菜メニューリスト

	和	洋（and… フレンチ、イタリアン、スペイン料理 etc）	中（and… 韓国料理 エスニック etc）
主食	炊きこみごはん　混ぜごはん すじこごはん　納豆ごはん 卵かけごはん　お粥　雑炊 親子丼　天ぷら丼　お茶漬け 肉うどん にゅうめん　ソーメンチャンプルー	パエリア　ピラフ　グラタン ドリア　ライスコロッケ エビピラフ パスタ （ミートソース、カルボナーラ、ジェノベーゼ、ナポリタン	炒飯、中華丼　麻婆丼 天津飯　ビビンバ丼 ラーメン　ガパオライス
肉	肉じゃが　鶏じゃが　肉豆腐 煮しめ　かぶのそぼろ煮 鶏そぼろ　肉巻き　唐揚げ 鶏の照り焼き	ハンバーグ	餃子
魚	塩焼き（鯖、ほっけ 白身魚のわかめ蒸し ぶりの照り焼き 焼き鮭　ホイル焼き	ムニエル アクアパッツァ 鱈のラビゴットソース	

思いつかないときは、
この表とメニューリストで
「選ぶだけ」の献立作りを

毎日ごはんの ヒント集

Rule 主食→主菜→副菜→汁物→デザート

	Mon	Tue	Wed
Breakfast	おまかせ 和 たまご料理 赤緑 みそ汁	おまかせ 洋 たまご料理 スープ フルーツ	コーンフレーク 洋 ジュリエンヌスープ ヨーグルト
meal prep	みそ汁 3食分	スープ2食分	ゆでたまご2個～
Lunch	ごはんもの 中 豆腐とのりのスープ	パスタ 洋 サラダ スープ	ラーメン 中 緑白
meal prep			
Dinner	炊きこみごはん 和 焼き魚 白黒 みそ汁	ごはん 和 肉料理 洋 赤緑 みそ汁	・純豆腐&ナムル ひと鍋 ・ハヤシorカレー &サラダ ・寄せ鍋&赤黄 ・具沢山汁物&赤黄
meal prep	スープ下ごしらえ	スープ下ごしらえ	赤黄 3食分
for tomorrow ✓ check ✓ prepare	フルーツ 野菜(スープ/サラダ) パスタ&ソース お肉 たまご	コーンフレーク ヨーグルト たまご ラーメン	納豆orすじこ 三つ葉 きのこ クロワッサン 注

あわせて用意するもの・作り置き

カテゴリーは和、洋、中、ひと鍋(鍋で多めに作るもの)

赤黄緑白黒は副菜の色。うちの副菜メニューリスト(P.88)から選択する

明日のために在庫確認・買い出しが必要なもの

ひと鍋料理

純豆腐
ハヤシライス
シチュー
しゃぶしゃぶ
豚汁
寄せ鍋
バターチキンカレー

和えものヒント

胡麻 マヨ
梅
辛子 マヨ
ポン酢 マヨ
おろし
カッテージチーズ
酢みそ
めんつゆ マヨ
ゆかり マヨ

スープのレパートリー

和	洋	中
鶏だんごスープ	グーラシュスープ	たまごスープ
潮汁	ジュリエンヌスープ	わかめスープ
オクラ豆腐スープ	焼きトマトスープ	のりと豆腐のスープ
かき玉汁	ポトフ	酸辣湯
	オニオングラタンスープ	
	マカロニスープ	

料理(献立)のヒント集

うちのコト №05

トラブルログ

TROUBLE LOG

トラブル対応にかかる時間を最小限に！

今の住まいに引っ越してから4年。宅配トラブルや郵便事故に10回以上も遭っています。

その日もそう。不在連絡票を見ながら宅配ボックスに暗証番号を入力したのに開かないのです。どうやら配達員さんが間違って書いたよう。管理会社に電話すると「いつ必要ですか？ 人を派遣するので時間がかかりますし、場合によってはお金もいただきます」とのこと。

寝耳に水でした。2年前にも同じトラブルがありましたが、当日中に無償で開けてもらったのです。あのときに記録をつけていれば！ すぐに「2年前の10月にあなたに対応していただいたときは無償でしたよ」と言い返せるのに…。結局その日のうちにお金を払わず開けてもらえたものの、もやもやが残りました。

同じトラブルに今後また遭う可能性もあります。そういうときに、過去の対応を参照してすぐに動いたり、不利なことを言われたときに泣き寝入りしないで交渉したり。

『トラブルログ』は、残念ながら起こってしまうトラブル対応にかかる時間や労力を最小限にするための予防策。「言った言わない」を防ぐためにも使えそうです。

Trouble Log

2015.9.5 **管理会社**

不在票の暗証番号を入力しても宅配ボックスが開かない。管理会社に連絡したところ「すぐに対応できない。場合によっては有償となる」とのこと。(田中)

宅配会社 神崎さん(男性)
03-0000-0000
管理会社 大田さん (男性)／田中さん(女性)
03-0000-0000

【備考】

宅配会社に連絡し、暗証番号が間違っていること、有償対応になった場合について告げる。その後、大田さんより連絡。宅配ボックスの電池切れの可能性もあるとのこと。

2013.5.23 **管理会社**

業者さんが不在票を入れ忘れており、宅配ボックスが開かない。

管理会社 大田さん (男性)
03-0000-0000

【備考】

管理人さんに開けてもらい、荷物を部屋まで届けてもらう手配をしてくれた。

2016.8.4 **買いもの**

ネットスーパーで注文した食品(カットキャベツ)に異物が混入していた。

2016/8/4
カスタマーセンターに
画像を添付して連絡

対応中のものは
ふせんに経過をメモ！

2013.10.2 **サービス**

宅配クリーニング、受け取り予定日を1か月過ぎても連絡なし。

Lクリーニング 佐藤さん (男性)
03-0000-0000

【備考】

遅れた理由について質問すると嘘を重ねた。こちらのせいにされたため、夫から再度連絡。一部払い戻しに。

うちのコト №06

防災マニュアル

DISASTER PREVENTION MANUAL

時間のあるときにまとめておきたい、大切なこと

防災についてのまとめは、ノートとカードの2種類を用意しています。

●防災マニュアル（ノート）の作り方

『防災マニュアル』は、おもに「管理」のために家事ノートのなかに作ります（93ページ参照）。備蓄品や普段からできるチェックポイント、緊急時の避難先などをメモ。

作るのが面倒なら、不動産会社やマンション管理会社が配布している無料のPDFをダウンロードするという手も。情報が盛りだくさんで、わかりやすくまとめられているのでとても便利です。印刷したら、ゲージパンチで穴をあければ、バインダーにはさむことができます。

●防災カードの作り方

以前勤めていた会社では、防災カードが社員全員に配布されていました。緊急時の行動指針、自分や家族の連絡先、会社の連絡先などがまとまったものです。

これをまねして、トライアングル連絡法（93ページ参照）のための実家の番号や、自宅までのルートなどを記入したものを作りました。

100円ショップなどで購入できる名刺サイズの情報カードに書き込めば、財布のなかに入れてもじゃまになりません。

非常時の「連絡」について

■トライアングル連絡法
■待ち合わせ場所

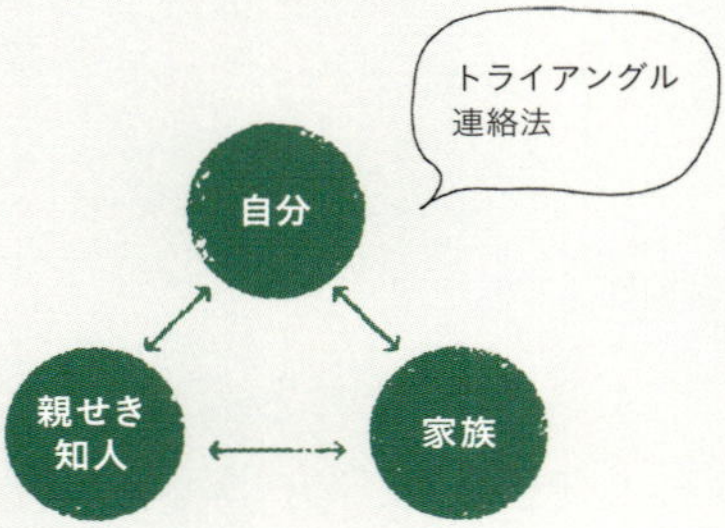

非常時の「行動」について

■地震発生から避難までの流れ
あわてないように、行動の順序を決めておきます。

※わが家の場合
①自衛　②避難の判断 →避難する場合→　③ガスの元栓を締める　④電気ブレーカー落とす
⑤猫をケージへ　⑥抱っこひも装着　⑦防災グッズを持つ　⑧外へ

非常時に備えるリスト

■備蓄品リスト
一覧にまとめて、乾パンや水のような消耗品は賞味期限をメモしておきます。
■再発行リスト
おもに財産関係。紛失した場合に備えて、番号と連絡先を控えておきます（※「クレジットカード情報」(P.98)で紹介する暗号化を使うと第三者に見られても安心）。免許証番号、パスポート番号、マイナンバー番号、基礎年金番号、保険関連の証券番号など。

うちのコト №07

お掃除レシピ

CLEAN UP RECIPE

お掃除のやる気をアップさせる便利なレシピ集

気になるお掃除グッズはすぐに試したい性分です。重曹にクエン酸、セスキ炭酸ソーダ、電解水など、テレビやブログで紹介されているものはまず試します。

でも、新しいものほど続かないようで、いずれも使いこなせませんでした。

そこで、どこでつまずいているのかを考えてみたところ、「分量」と「使い方」の不明が原因のようでした。

たとえば「今日は重曹を使った掃除をしよう！」と思ったとき、「ペーストにするには水と重曹をいくつ対いくつで混ぜるんだっけ？」「ペーストはほかにどこに使えるの？」と、作る前に調べなくてはいけない。これが私にとっては手間で、続けられない理由だったのだと思います。

『お掃除レシピ』は、そんな悩みを解消するために作ったもの。一度に全部の洗剤を試しても100％うまくいかないので、まずは重曹とクエン酸から再チャレンジ。

前回の「面倒ポイント」だった計量や使い方をまとめました。その都度調べる手間が省け、お掃除のハードルがぐっと下がりました。

重曹とクエン酸を使う掃除はエコで安全。子どもとペットのいるわが家にぴったりです。

おそうじ レシピ

baking soda（重曹）

水100ml：重曹小さじ1

インターホンの受話器
冷蔵庫のパッキン
クッション

そのまま使う

タッパー
フライパン
バスタブ
シャワーホース
トイレタンク（外）
（中）…> ひと晩
ソファ …> そうじ機
消臭 クローゼット、シンク下、靴
玄関、冷蔵庫、電子レンジ

漬ける

洗い桶 …> 重曹小さじ4＋洗剤数滴
歯ブラシ …> 重曹小さじ2＋湯300ml 10分
スポンジ …> ひと晩
猫用ブラシ …> 重曹小さじ1＋水500ml

水1：重曹3

カトラリー
まな板 …> 10分
スウェードの汚れ …> 1〜2時間

Both（重曹＋クエン酸）

バスルームの床
トイレの床
包丁のさび

排水口
重曹100ml＋クエン酸200ml 1分

リモコン・冷蔵庫・めがね
重曹大さじ1＋クエン酸小さじ1＋ぬるま湯400ml

citric acid（クエン酸）

水100ml：クエン酸小さじ1/2

スイッチプレート
窓ガラス
テーブル
製氷皿
鏡のくもり取り
バスルームの壁

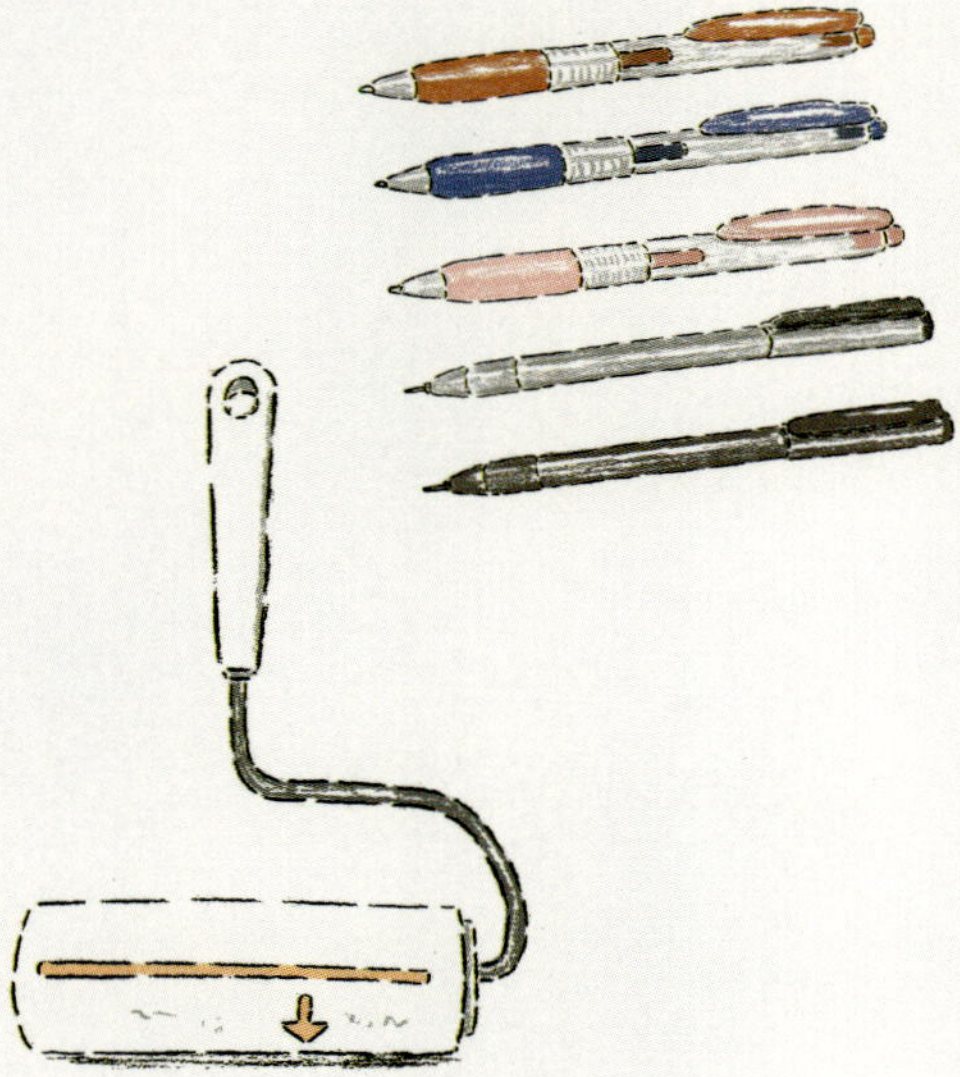

うちのコト N° 08

防犯マップ

CRIME PREVENTION MAP

子どもがいる家庭の必需品

大人になってからですが、知らない男性に連れ去られそうになったことがあります。

どうも尾行されていたようで、それに気づいた親切な方が目的地まで送ってくれて事なきを得ました。ただ、大通りから死角になって見えないほんの数メートルの場所で、車を降りて待ち伏せされていたあのときの恐怖は、今でも忘れられません。大人だから安全だとばかり思っていましたが、それ以来、暮らす地域の治安や逃げ込める場所などを調べるようになりました。

街灯の少ない道や場所のほか、ひょっとすると不審者かなと思う人に出会ったときは場所、日時とその人の特徴などをメモ。次にそこを通るときは注意します。

今は自分のために作っていますが、娘がもう少し大きくなったら、作ったマップを一緒に見ながら情報共有するつもりです。

「帰るときはなるべくこっちの道を通ろうね」

「ここならコンビニがあるから逃げ込めるよ」

知らずに歩くのと知っているのとでは大違い。できるかぎり、危険を避けて過ごしたい。防犯マップは万が一への備えです。

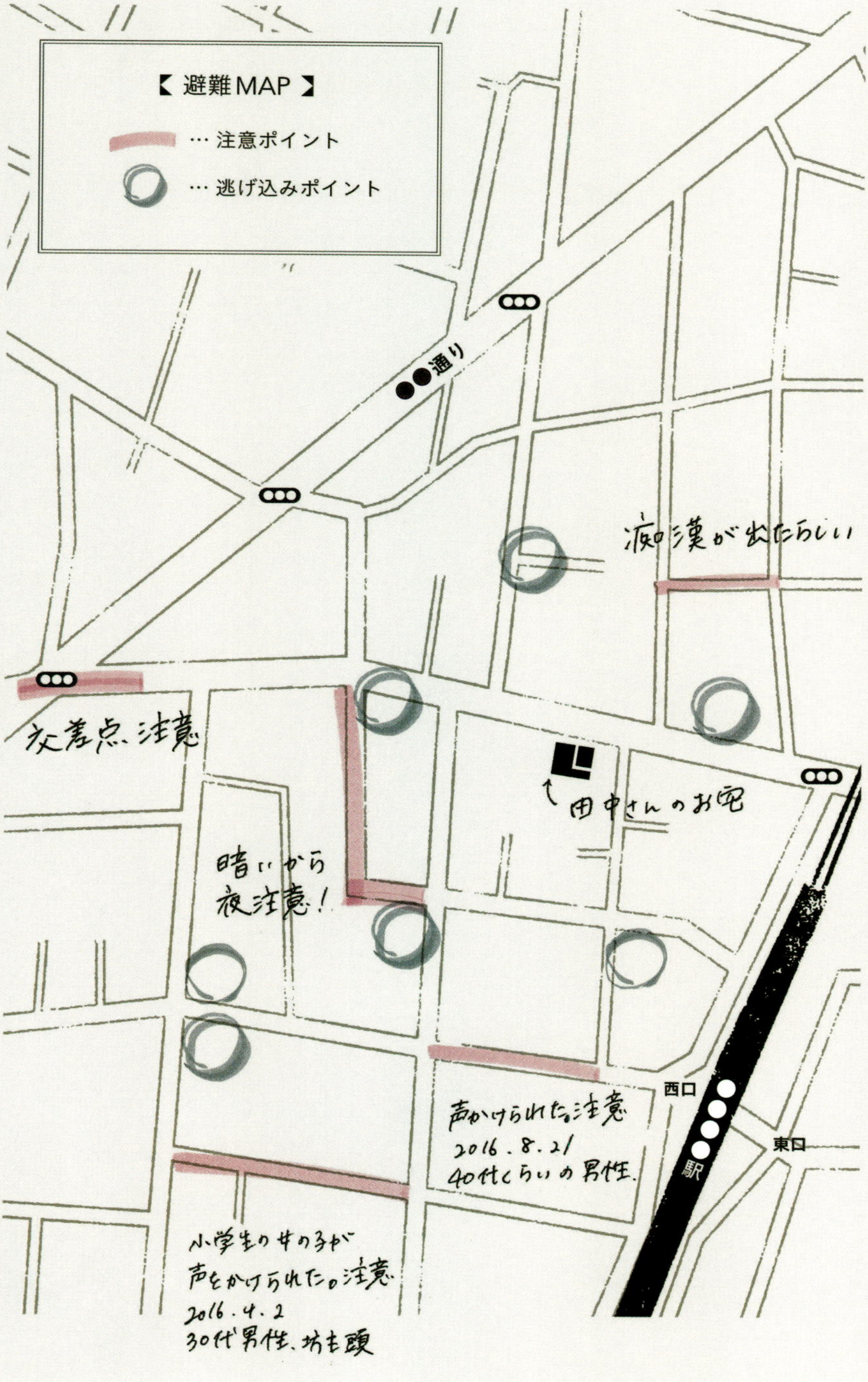
【避難MAP】
… 注意ポイント
… 逃げ込みポイント
●●通り
痴漢が出たらしい
交差点、注意
田中さんのお宅
暗いから
夜注意!
声かけられた。注意
2016.8.21
40代くらいの男性.
西口
東口
駅
小学生の女の子が
声をかけられた。注意
2016.4.2
30代男性、坊主頭

うちのコト N° 09

クレジットカードリスト&銀行口座リスト

CREDIT & ACCOUNT

クレジットカード

名義	SANJO RINKA
種別	VISA
有効期限	20[母 D-2] 年 [妻 M]
番号	[父 Y]99887766554433
連絡先	0120-000-0000
マイページ	http://mycreditcard.jp
引き落とし日	毎月 28 日
備考欄	限度額 10 万円

銀行口座

銀行名	×銀行
支店名	○支店
口座の種類	普通・当座
口座番号	
印鑑	印鑑 B
WEB 入出金	×
パスワード変更日	-
使いみち	各種引き落とし用
クレジット登録	なし
引き落としリスト	奨学金 毎月 27 日
	電気代 毎月 15 日
	ガス代 毎月 13 日
	水道代 隔月 13 日頃

毎月固定の引き落とし額：
約2万5,000円

毎月の引き落とし額を
計算してメモしておくと
「最低この金額は
入れておかなければ」と
目安を考えやすい

その都度、現物を出す手間が省けます

書類を書くときにクレジットカード番号や銀行口座番号が必要になることがあります。その都度出してくると「あとでしまおう」と一時的にそこらに置いてしまい、あとから探し回ることがありました。そこで家事ノートの中に『クレジットカードリスト』『銀行口座リスト』を作っておきます。

カード番号は、数字の一部を暗号化しておくと安心。私は「Y＝年、M＝月、D＝日」の3つの記号を活用しています。たとえば［母M＋2］月↓（母の生まれ月5月＋2）＝7など。数字のすべてを暗号化してしまうと解読に手間取るので、私は一部だけにとどめています。

うちのコト №10

ごみの捨て方リスト

HOW TO DISCARD GARBAGE

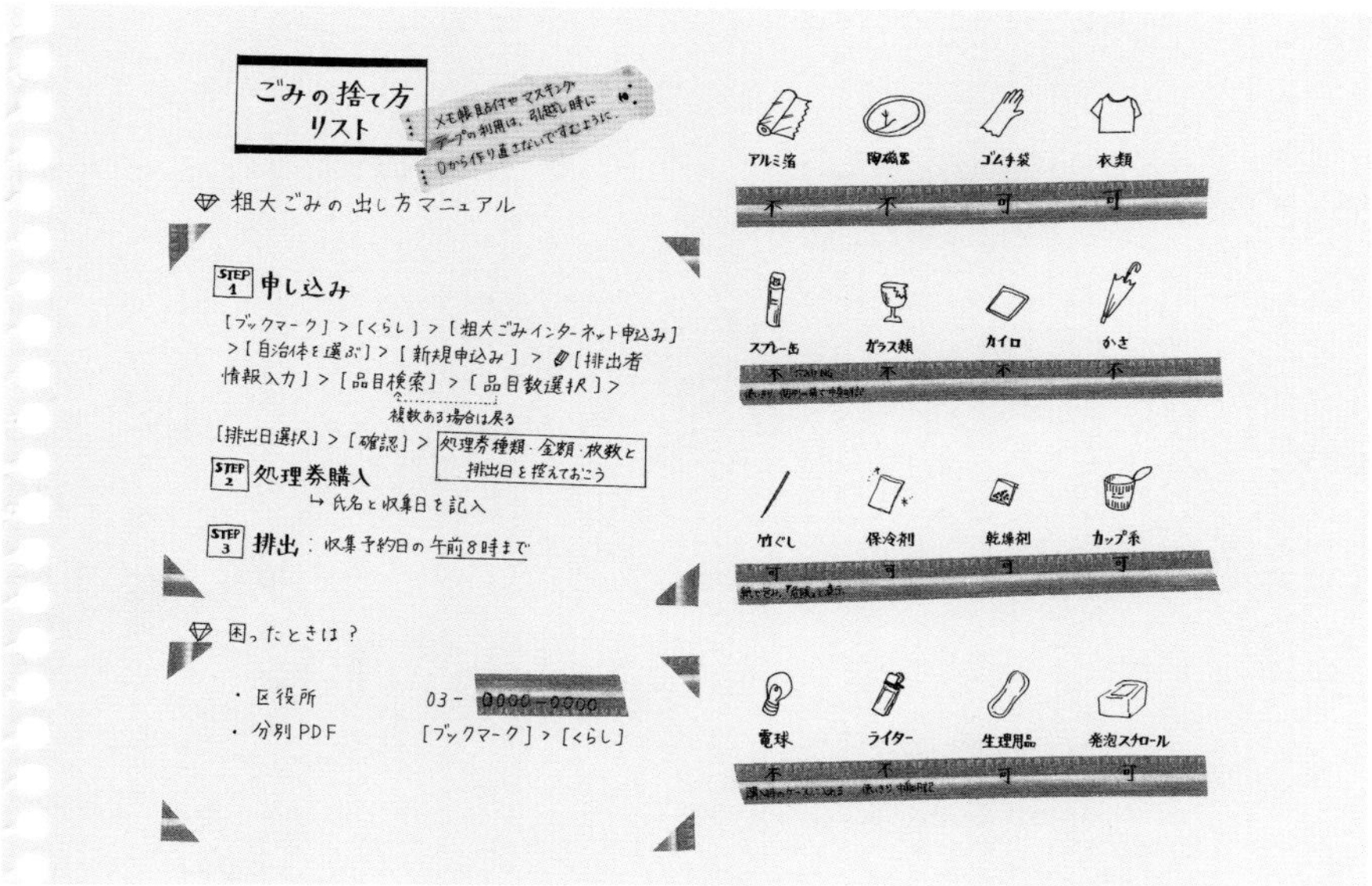

「わからないから捨てられない」がなくなる

ゴムソールのついたスニーカー、クリーニング屋さんのハンガーなど、捨て方が不明なもの。中身の残ったスプレー缶、調味料入りのビンなど、捨てる前に面倒な作業が必要なもの。捨て方がわからない、面倒といった理由でごみがなかなか捨てられなかった経験はありませんか？

『ごみの捨て方リスト』は、繰り返し捨てる可能性のあるものや、将来的に手放すものの捨て方を調べてまとめたもの。なお、引っ越すたびにゼロから作り直さなくてすむように、書き換えが必要な部分は紙を貼ったり、マスキングテープを使ったりしています。

うちのヒト N° 01

病歴データベース

MEDICAL HISTORY

これは家族みんなの病気の履歴書です

夫のうめき声で目覚めたのは午前4時。心臓が痛いというのです。どうしたものか迷い、東京消防庁の救急相談センターに相談したところ、救急車が来ました。

早朝の救急外来の待合室。震える手で問診票を持ちながら「ああ、夫の病歴がまるでわからない」と気づきました。結果的に異常はなく、今も元気に過ごしているのですが、夫でなく私が彼の情報を問われることがあることに気づきました。その経験から作ったのが『病歴データベース』です。

予防接種の記録やこれまでにかかった病気、手術歴、がんや糖尿病など遺伝性のある病気については、身内でかかった人がいるかなどをチェック。病気の履歴書のようなものです。

『病歴データベース』も、写真やデータで携帯に入れておくのがおすすめ。これを見ながら問診票を書けば、記憶をたどったり間違ったりしなくてもすみます。家族の通院時にもメールで送れるので便利です。

なかなか合う病院がなく、「かかりつけ医」を見つけるまで何軒も回りました。その過程で質問された内容をメインに作ったこのシート。巻末にコピーして使える表があるので、ぜひご家族の分も合わせて作ってみてくださいね。

THEME
病歴データベース

アレルギー
アレルギーの有無をまとめておこう

【薬】

【食べ物】

【花粉】

【その他】ハウスダスト・ペット

既往症
これまでにかかった病気に○をつけておこう

- □ ぜんそく
- □ アトピー性皮膚炎
- □ じんましん
- □ 肝臓病
- □ 糖尿病
- □ 高血圧
- □ 心臓病
- □ 慢性肝炎
- □ 甲状腺の病気
- □ 脳梗塞
- □ 肺気腫
- □ 過換気症候群
- □ 潰瘍性大腸炎
- □ その他

予防接種

病名	ログ	予防接種
ジフテリア		
百日ぜき		四種混合
破傷風		未　済
ポリオ		
水ぼうそう		未　済
麻疹		MR　未　済
風疹		MR　未　済
日本脳炎		未　済
結核		未　済

手術ログ

病名	病院名	いつ

家族歴

病名	続柄	備考
がん		
高血圧		
糖尿病		

うちのヒト No 02

通院ログ

HOSPITAL VISIT

命を守るために大切な情報を記録しておこう

妊娠中のこと。ある朝、目を覚ますとのどが焼けるように痛い。数日前に熱を出したせいかと、病院で妊婦でも飲める薬をもらいました。ところがひどくなる一方で、ついに声が出なくなりました。産院に相談に行くことにしたのですが、問題は声が出ないこと。経過を伝えるため、数日前に発熱したことを皮切りに、どこでどんな診断をされ、どんな薬をもらったかをメモ用紙1枚にまとめました。

それを持参したところ、なぜか先生にものすごくほめられたのです。大学病院への紹介状に先生はメモの内容をそのまま書き写し、「これはすごくいいからもらうね」とメモを持っていきました。この出来事から生まれたのが『通院ログ』です。

いつ何があったのか、どこでどんな診断をされたのか、どんな薬を処方されたのか。まとめることで自分の頭も整理でき、伝えやすくなります。このあと、結局5人の先生に診てもらい、2週間かけてようやく治ったのですが、病院を替えるごとに複雑になっていく事情と受診歴を伝えるのにもメモが役立ちました。通院ログは、こんなふうにセカンドオピニオンにも使えますし、何より命を守るために役立つ情報だと思っています。

THEME
通院ログ

いつ	だれが	病名	病院名・医師名	症状	備考
				□発熱 □せき □鼻水 □痛み □くしゃみ □下痢 □嘔吐 □吐き気 □ケガ □やけど □他	
				□発熱 □せき □鼻水 □痛み □くしゃみ □下痢 □嘔吐 □吐き気 □ケガ □やけど □他	
				□発熱 □せき □鼻水 □痛み □くしゃみ □下痢 □嘔吐 □吐き気 □ケガ □やけど □他	
				□発熱 □せき □鼻水 □痛み □くしゃみ □下痢 □嘔吐 □吐き気 □ケガ □やけど □他	
				□発熱 □せき □鼻水 □痛み □くしゃみ □下痢 □嘔吐 □吐き気 □ケガ □やけど □他	

うちのヒト №03

家系図

FAMILY TREE

役立つだけでなくルーツ探しの楽しみも

母方の曾祖母が亡くなったときのこと。母方の親族は3家族しか面識がなかったのですが、お通夜や葬儀でふと見ると知らない人ばかりです。

曾祖母には7人の子どもがいたのです。「大宮のおじさんよ」「ばあちゃんの弟」と次々に紹介されるものの、さっぱり覚えられません。父方の親族は伯父・叔母だけでも5人兄妹。ここに夫の親族が加わったら…？

書くのはちょっと面倒かなと思ったものの、自分のルーツを探る意味では楽しそうなので家系図を作ることに。さっそく母に聞きながら書き進めていくと、ものすごい人数に。余白を多めにとって、覚えられるように特徴や似顔絵を描いたり、あれば写真を貼ってもいいかもしれません。

夫側の家系図はまだ作っていません。次に帰省したとき、お義母さんに聞きながら作りたいと思っています。コピーして親族の集まりではポケットに忍ばせて、失礼のないように。

うちのヒト No 04

法事リスト

BUDDHIST MEMORIAL SERVICE LIST

	藤崎菊次郎（祖父） 1996年11月13日没	藤崎あけみ（祖母） 1998年2月16日没	寺本 総一朗（祖父） 2009年5月24日没
2012			
2013			
2014		17回忌	
2015			
			17回忌
2018	23回忌		
2019			
2020		23回忌	
2021			
2022	27回忌		
2023			23回忌

横の軸には、故人（続柄）を記入

自分が施主になる法要には、わかりやすく目印をつけておきます

回忌法要がいつかを記入。いつ、だれの、どの法要があるのかひと目でわかります

家族全員の法事がひと目でわかる

祖父母の命日は覚えていますが、法事がいつあるのか把握していません。そこで、法事のある年を、家族別に一覧で見られるよう『法事リスト』を作りました。

「だれの法事がいつあるのか？」を知りたいときは縦に、「今年はだれの法事があるのか？」が知りたいときは横に見ていきます。

施主をするなら親族に連絡するなど事前準備も必要。毎年1月に、「季節の家事」（51ページ）一覧にメモを。ふせんなどで貼っておくとよさそう。該当する月になったら「そろそろ準備を始めなければ」と動けるはずです。

うちのヒト №05

記念日リスト

ANNIVERSARY LIST

大切な日は素敵に演出したい！

誕生日にはアップルパイ。みんなでハッピーバースデーの歌をうたいます。クリスマスは特別なディナー。一番いいワンピースを着てレストランへ。私の両親は記念日を大切にしてくれていました。

自分の家庭を持った今、記念日の手配はすべて私がやるのですが、ぎりぎりになってしまい、お店が予約できないことがよくありました。

『記念日リスト』は記念日のお祝い準備をスムーズにするためのメモです。ノートの『スケジュール』に、毎月「今月の記念日」を書き写すことで、ゆっくり準備できるように。

日時	記念日	やりたいこと	メモ
毎年 4月6日	夫の誕生日	ハンバーグとケーキを用意。メッセージカードを書く。外食できそうなら「レストラン○○」を予約。	
毎年 10月31日	ハロウィン	●かぼちゃのポタージュ ●ハンバーグ、かぼちゃの形に切ったチーズのっけ	ハロウィンの飾りつけは10/1～10/7の間にすませよう。
毎年 12月31日	大みそか	●午前中に掃き納め ●夕方にお参り（実家の場合） ●夕方にお風呂 ●夜はすき焼き　●年越しそば	←特別な日のことだから、毎年の習慣にしたい。
2016年 7月7日	花実婚式	花束をもらえたら嬉しいなあ…	「料亭○○」でランチ。ベビーふとんを敷いてもらい、個室でゆったりした時間を過ごせた。

うちのヒト №06

家族サポートログ

FAMILY SUPPORT LOG

家族が元気に楽しく過ごせるための記録

『家族サポートログ』は、家族に関するさまざまなリストやログの総称。ライフスタイルによって異なるので、ここではアイデアだけご紹介します。

●乳児・幼児向けのログ
離乳食記録／成長の記録／遊びの記録／絵本ログ

●小学生向けのログ

読書通帳（無料配布している自治体も）／ママと子どもの交換日記／作文ノート

●夫婦向けのログ
話の種ログ（その日にあった出来事・ニュース・テレビの感想などをまとめて会話のヒントに）

●両親向けのログ
作り置きごはんログ／伝記ログ（両親の人生にまつわる話を聞いたら伝記のようにまとめていき、プレゼントに）

●ペット向けのログ
体調記録／消耗品購入ログ

今悩んでいること、忘れがちなことをログにまとめると便利です。

おつきあい No 01

お祝いログ&お悔やみログ

CELEBRATION & CONDOLENCE

人とのすべてのやりとりはここへ

おつきあい情報もすべて家事ノートにまとめます。

『お祝いログ』では結婚や出産の情報を、家族欄にご結婚された相手のお名前やお子さんの名前を記入します。

『お悔やみログ』では身内以外の訃報をまとめます。お通夜とお葬式、どちらに参列したかわかるよう、それぞれの欄を設けました。身内は法事があるので『法事リスト』(105ページ)へ。

これから出てくる表はすべてそうなのですが、左端の「No.」部分は年度ごとにリセットしています。こうすることで、それぞれのリストを連結させることができるのです。

たとえば『お祝いログ』の加藤和也さん。ご出産祝いを差し上げています。その情報は、『差し上げたものログ』(111ページ)の2013年2番めの項目に記載しています。メモ欄を見ると「○2013-1」という記号があります。これは「お祝いログ(○)2013年1番めの項目と連結していますよ」という意味。ネットでいうところの「リンク」の代わりです。

こんなふうにリンクさせると、お祝いの履歴だけでなく、そのときどんな贈りものを差し上げたか、いただいたかもわかるので便利です。また、不義理もしなくてすみます。

お祝いログ

No.	いつ	名前	関係	種別	家族	(カナ)	メモ
1.	2012年10月7日	中村 曜平さん	友人	結婚	里香さん	リカ	結婚式 2013/2/2
2	2012年12月12日	小林 美花さん	友人	出産	みちるちゃん	ミチル	
1	2013年2月9日	加藤 和也さん	従兄	出産	太志くん	タイシ	

お悔やみログ

No.	いつ	名前	関係	参列ログ		香典	メモ
				お通夜	お葬式		
1	2015年6月26日	山田 真二	先生	×	×	×	生前ご本人の書いたお手紙で知る。
2	2015年11月23日	広川 歌子	上司ご家族	○	×	5,000円	広川智幸さんのお母様。

おつきあい No 02

いただきものログ&差し上げたものログ&家族へのプレゼントログ

RECORD GOT THINGS

贈りものに関する情報は、すべてリンクさせる

家事ではありませんが、贈答の記録も家事ノートにまとめておきます。

●いただきものログ

『いただきものログ』は、お歳暮やお中元のほか、おみやげ、誕生日プレゼント、自分の結婚・出産などお祝いごとでいただいたものをメモするページ。

●差し上げたものログ

『差し上げたものログ』は、お歳暮やお中元のほか、おみやげ、誕生日プレゼント、友人の結婚・出産などお祝いごとで差し上げたものをメモするページ。自分の内祝いもこちらに記入します。

ただし、身内へのプレゼントは『家族へのプレゼントログ』として別に作ります。母の日やクリスマス、家族の誕生日など、毎年行うものなので、分けたほうがプレゼント選びの参考にしやすいのです。

前ページでもご説明したように、贈りもののログはリンク（連結）させておきます。たとえば出産祝いを差し上げ、内祝いをいただいたとき、ログ同士をリンクさせるため、備考欄に「I（いただきもの）」「S（差し上げたもの）」「O（お祝い：108ページ参照）」のマークと、該当するナンバーをふり、ログ同士をリンクさせます。

こうしておけば、贈りもの情報を一括管理できます。

いただきものログ

	いつ	どなたから	続柄など	理由	内容	値段	お返し	メモ
1	2012.10	高橋 博士 さん	夫の上司	お歳暮	カレー	約 10000円	済	S2012-2
2	2012.10	田中 真奈美 さん	叔母	お歳暮	スイーツ	約5000円	済	
1	2016.4	伊藤 繁 さん	夫の上司	出産祝い	洋服	約5000円	済	
2	2016.4	山本 美菜 さん	友人	出産祝い	洋服	約5000円	未	
3	2016.4	渡辺 愛子 さん	叔母	出産祝い	お祝い	10000円	未	P2016-4

差し上げたものログ

	いつ	どなたから	続柄など	理由	内容	値段	商品名	メモ
1	2012.12	鈴木 雄介 さん	伯父	お歳暮	干物セット	5000円	厳選干物セット3種	
2	2012.12	高橋 博士 さん	夫の上司	お歳暮	干物セット	5000円	厳選干物セット3種	I2012-1
3	2012.12	小林 美香 さん	友人	出産祝い	洋服	5000円	ベビーマグ 「ロンパースセット」	
1	2013.1	佐藤 優子 さん	従姉	誕生日	ポーチ	2000円	Sunny day 「ポーチ」	誕生会
2	2013.2	加藤 和也 さん	従兄	出産祝い	ご祝儀	10,000円		O2013-1

おつきあい №03

手紙のテンプレート

LETTER TEMPLATE

下準備があれば、手紙を書くハードルが下がる！

手紙をいただくとうれしいし、書きたいこともたくさんある。それなのに、なぜだか筆が重いと感じていました。理由は「すぐに書ける準備ができていない」から。そこで文例をまとめたテンプレートを用意しました。

●**時候のあいさつ**：親しい人用と目上の方用の2パターン作ります。（春も深くなり／花ぐもりの昨今、など）

●**安否のあいさつ**：（お変わりありませんか？／ご自愛くださいなど）

●**月の異名**：気の置けない友人への手紙なら末尾にちょっと変わった異名を入れます。（3月なら『夢見月』）

●**お礼状のテンプレート**：ある程度決まりがあるものなので、穴埋め式に。「拝啓 ○の候、皆さまにおかれましては健やかにお過ごしのこととお慶び申し上げます。このたびは○をいただき、誠にありがとうございました。【ここに相手に合わせたメッセージを入れる】どうぞご自愛くださいませ。敬具」

●**友人への手紙の枠**：記入ルールをおおまかに用意しておきます。

1. 相手へのあいさつ
2. 近況を簡潔に（1〜3個）
3. 相手への質問（1〜3個）
4. 結びの言葉

こうすると文面がぱっと思い浮かび、手紙がもっと好きになります。

おつきあい No 04

手みやげリスト

GIFTED RECORD

リストに残すことで、いつしか手みやげ上手に

食べておいしかったもの。もらってうれしかったお祝い。ちょっとしたプレゼントに最適なもの。日ごろからアンテナを張っておくと、いざ差し上げるときに迷わなくてすみます。『手みやげリスト』には、そんなプレゼントの情報をストック。

自分で試して「これは間違いない！」と思ったものはペンで記入。まだ試していないものや、気になるだけのものは、ふせんに書いて貼ったり、雑誌の切り抜きをマスキングテープで留めるだけにとどめます。

発送までの目安日数や定休日を書いておくと、急な来客・訪問でもあわてず用意できます。手みやげ上手になることは、なんだか暮らしに余裕が出てきたようでうれしいものです。

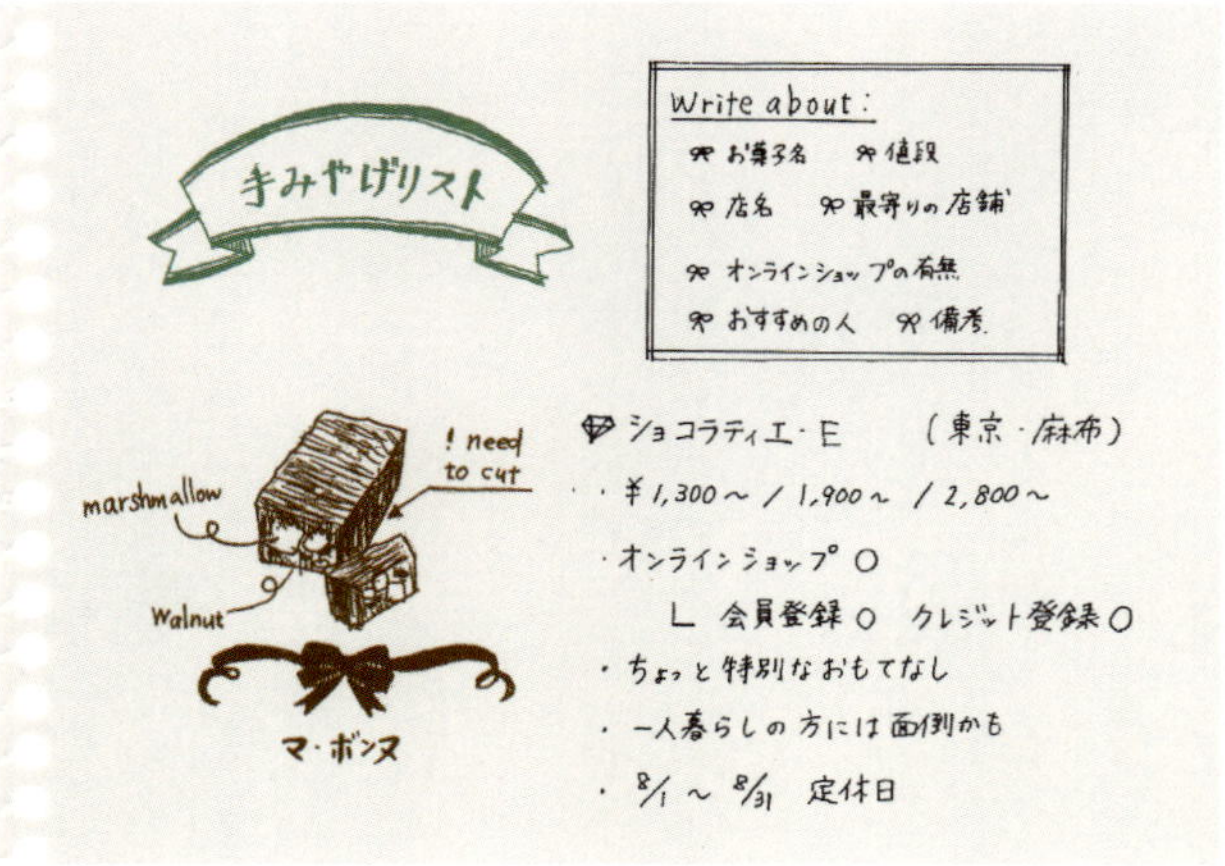

HOUSE WORK NOTEBOOK
CHAPTER 04

FUN LIST

お楽しみリスト

お楽しみリストは、明るい気持ちを作るためのリスト。
家事を続けるには心を整えることも大切。
このリストで家事マインドを整えましょう。

FUN LIST

ムーンクエスト

月の力で心を整える

01

『ムーンクエスト』は心を整えるために月の満ち欠けに合わせて行う、おまじないのようなもの。

始めたきっかけは「理由もなくいらいらする」と感じる日が必ず満月だったから。調べてみると、新月と満月にはそれぞれ違う性質があるそう。

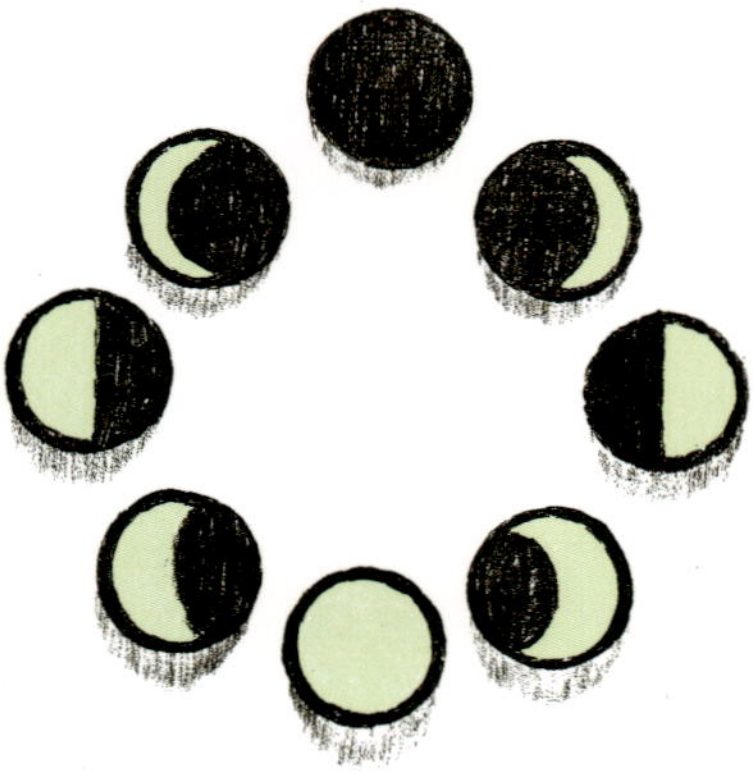

新しいことを始めるのに適しているという新月の日は、これから1か月先までの計画作りを。具体的には、

●新しく始めたいことを考える

●週間（習慣）計画（119ページ）のテーマを決めておく

衝動的になりやすいという満月は、自分で自分をほめてあげることでいらいらを抑える試みを。

●今月のDAYレビュー（121ページ）

●とっておきのデザートを用意する

こんなごほうびを用意。月のリズムをうまく利用しながら感情をコントロールしています。

FUN LIST

ポジティブ50音
落ち込んだときに元気になれるしくみ

02

ものすごくネガティブな性格だった私。でも、このごろは落ち込んでも1時間で立ち直れるように。それは、『ポジティブ50音』のおかげです。「あ～わ」までの元気になる言葉を集めたリストをあらかじめ用意。

書く言葉が見つからないときは、好きなもの（本、食べものなど）、好きなこと（趣味など）、好きなひと（歌手や俳優さんなど）を書きましょう。落ち込んだら、そのなかから今すぐできそうなことを試してみるだけ。

たとえば、悲しかったある日。まずは「お」もいっきり泣く。「こ」きゅうを意識して、「せ」すじをぴんと伸ばします。「け」いたいは充電器につないで視界からシャットアウト。温かい「こ」こあをいれたら、ずいぶん気持ちが落ち着いているのです。

あとは根本的な解決策を探して、ゆっくり眠るだけで元気に。

FUN LIST

今月の3大ハッピーニュース

話の種にもなる

03

年に1度とはいえ、年賀状作りがストレスでした。そこに添えるひと言が思いつかないからです。

そこで、毎月最後の日に楽しかったことを振り返ることに。3つ選んでノートにまとめておきます。

写真や日記、SNSを開くと意外とたくさん出てきます。もしかすると、3つに絞るのは苦労するくらいかもしれません。

1年で36個のハッピーが詰まったノートは、年賀状や手紙のヒントになるだけでなく、日々の会話の種にもなります。なにより、ながめているだけで笑顔になれるのです。

楽しいことが思い出せない…そんなときは

- □ 画像を振り返ってみよう
- □ SNSを振り返ってみよう
- □ 今月だれに会った?
- □ 食べておいしかったものは?
- □ 新しく始めたことは?
- □ 心に残る言葉は?
- □ 読んだ本は?
- □ 観た映画は?
- □ 子どもの様子は?
- □ 印象に残っている仕事での出来事は?

FUN LIST

週間(習慣)計画

週に1つ、テーマを決めて挑戦

04

書類整理週間 ●書類の入ったボックスを開ける ●いらないものを捨てる ●カテゴリー分けする ●一時的に置いてしまう場所は?	**みそ汁研究週間** ●おいしいおだしのとりかた ●みその種類研究 ●うちの定番具材を考える ●器にこだわる ●変わり種みそ汁に挑戦
対人関係もやっと解消週間 ●この1年の嫌だったことは? ●具体的な感情(怒り・悲しみ)は? ●次に同じことが起こったら? ●その人と今後どうする?	**女子力アップ週間** ●メイクの本を読む ●コスメカウンターへ行く ●いつもと違う雑誌を買う ●ほしい服スクラップを作る ●ファッションの系統を知る
言葉を大切にする週間 ●女性らしい敬語を調べる ●口ぐせを意識する ●ポジティブな言葉を口に出す ●ほめ言葉を意識する	**定位置メンテ週間** ●散らかりがちな部分は? ●中身がわからない場所は? ●よくなくすものは? ●取り出しにくいものは?

日曜の夜に「今週の過ごし方テーマ」を決めています。これを私は『週間(習慣)計画』と呼んでいます。身につけたいことを選んで、それを習慣づけるべくがんばること。ただし期間は1週間。たとえば「美文字になりたい!」と思ったら美文字週間。飽きっぽい性格でも「1週間だけ」と決めたら不思議と続くものです。次の日曜の夜には、先週より少しだけ字がきれいになっています。

次の週は違うテーマに挑戦。美文字週間を並行して続けてもいいですし、両立できなければまたいつか。やらないよりはずっと成長できます。

FUN LIST

明日の地図

明日の私を導いてくれる！

05

やる気や元気がほしい
新しいことを始めたい
注意して過ごしたい

おいしいものを食べたい
明るい気持ちになりたい
体を動かしたい

希望を持ちたい
未来を考えたい
にぎやかに過ごしたい

ストレスをなくしたい
リラックスしたい
体をゆっくり休めたい

集中したい
信頼されたい
冷静になりたい

なにかを創りたい
女性らしさを意識したい
メンタル調律をしたい

やさしい気持ちになりたい
愛情を注ぎたい
かわいくなりたい

さわやかな1日にしたい
暮らしをととのえたい
1度リセットしたい

自信がほしい
自分の意志を伝えたい
ちょっと贅沢《ぜいたく》がしたい

明日が楽しみになる、とっておきのおまじないをひとつ。上記の9色から明日やりたいことを表す色（内容）を選んでみてください。

たとえばやる気がほしいときは赤。気持ちをリセットしたいときは白など、明日の理想の過ごし方に合わせて。あるいは先に直感で色を選び、そこから自分の心を読み解いても。

明日のテーマカラーが決まり、過ごし方をイメージできたら、「これをやりたい」「そのためにはこれが必要だ」と、具体的な〝ToDo〟が浮かんできます。その地図に沿って動くだけで、きっと理想の過ごし方がかないます。

FUN LIST

今月のDAYレビュー

ポジティブな記録を残そう

06

DAYレビューとは、夜寝る前に、今日の「できたこと（D）」「ありがとう（A）」「よかったこと（Y）」を振り返ること。1日の終わりに今日起こったこの3つを思い出してから眠ると、前向きな気持ちで明日に向かえます。

『今月のDAYレビュー』は、その1か月版。ひと月単位で「DAY」を振り返ると、できたことは自分の成長記録に、ありがとうは人にやさしくされた記録に、よかったことは笑顔の記録になるのです。

DAYレビューを始めてから、幸せを感じやすくなり、前よりも毎日が楽しくなりました。

HOUSE WORK NOTEBOOK

おわりに

帰ってきた夫の口からため息がもれることはなくなりました。

玄関はすっきりと片づいています。夫の着替えやタオルは、娘のお風呂の準備をするときにまとめて脱衣所に用意してありますし、夏にはうちわを用意し、冬は「帰るメール」に合わせてヒーターをつけて脱衣所を温めておく、そんなゆとりも出てきました。

夫がお風呂を出る音が聞こえたら、作っておいた料理をレンジへ。その間にテーブルを拭いて飲みものと箸を並べ、温めたごはんを持ってきます。横に腰掛けて猫のブラッシングをしながらその日あったことを話したり、聞いたりします。食後には一緒に温かいほうじ茶を飲みます。あと片づけやキッチン掃除を終えたら、部屋を見渡して散らかっているところがないかチェック。テーブルの上をなにもない状態にして、それからふとんに入ります。明日はどんな色の1日にしよう？　そう考えるとわくわくします。

新婚当初の私には、こんな穏やかな生活が待っているなんて、とても考えられませんでした。もちろん、うまくいかない日もあります。疲れて散らかしっぱなしで寝てしまうことも、漫画に夢中になったり仕事に没頭したりして、気づいたら日が暮れていることも。でも、余った時間で家事をやりくりできるようになったので落ち込むことはありません。

家事ノートが今の形になるまでには何年もかかりましたが、作りはじめたらすぐに暮らしのなかのわからないことがどんどん減っていきました。その結果、考えたり、調べたり、探したりというムダな時間がなくなり、暮らしにゆとりが生まれました。

家事は才能じゃない。やり方を変えればできるようになる。暮らしやすくなる。家事ノートを完成させるのには少し時間が必要かもしれません。でも、1ページでもできたら、その分「わからない」が減るはずです。この本を手にとってくださったあなたの生活の中で家事ノートが少しでも役立てば幸いです。

最後にお礼を。まずは担当編集の池田さん、1年間、根気強く導いてくださり、本当にありがとうございました。素敵なデザインを考えてくださったデザイナーの高梨さん、華やかなイラストを描いてくださったイラストレーターのShapreさん。学生時代から何度も相談に乗ってくださり、ブログという発信方法を教えてくださった公募ガイド社の橋谷さん。家族、友人、猫たち。出版という途方もない夢を10代のころからずっと応援してくれた夫。そしていつもブログやSNSを見てくださっているみなさん。たくさんの方のお陰でこの本を出版することができました。心から感謝しています。

週間計画	天気家事	date	七色の家事	月ごと家事	その他
		16（　　）			
		17（　　）			
		18（　　）			
		19（　　）			
		20（　　）			
		21（　　）			
		22（　　）			
		23（　　）			
		24（　　）			
		25（　　）			
		26（　　）			
		27（　　）			
		28（　　）			
		29（　　）			
		30（　　）			
		31（　　）			

月

週間計画	天気家事	date	七色の家事	月ごと家事	その他
		1（　　）			
		2（　　）			
		3（　　）			
		4（　　）			
		5（　　）			
		6（　　）			
		7（　　）			
		8（　　）			
		9（　　）			
		10（　　）			
		11（　　）			
		12（　　）			
		13（　　）			
		14（　　）			
		15（　　）			

病歴データベース

名前：

アレルギー

【薬】	
【食べ物】	
【花粉】	
【その他】	ハウスダスト・ペット

既往症

□ ぜんそく　□ アトピー性皮膚炎　□ じんましん　□ 肝臓病
□ 糖尿病　□ 高血圧　□ 心臓病　□ 慢性肝炎
□ 甲状腺の病気　□ 脳梗塞　□ 肺気腫　□ 過換気症候群
□ 潰瘍性大腸炎　□ その他

感染症

病名	ログ	予防接種
ジフテリア		四種混合 未 済
百日ぜき		
破傷風		
ポリオ		
水ぼうそう		未 済
麻疹		MR 未 済
風疹		MR 未 済
日本脳炎		未 済
結核		未 済

手術ログ

病名	病院名	年齢

家族歴

病名	続柄	備考
がん		
高血圧		
糖尿病		

キッチンの定番品リスト

調味料	
粉類	
スパイス	
乾物	
缶詰	
インスタント食品	
冷凍食品	
掃除・洗剤	
飲み物	
よく使う食材（和）	
よく使う食材（洋）	
調理用消耗品	

RINKA SANJO

三條凜花

（さんじょう・りんか）

1988年生まれ。東京都在住。整理収納アドバイザー。夫と11か月の娘、2匹の猫とワンルームのマンションに暮らす。2015年に開始したブログ「365日のとっておき家事」が人気に。『ESSE online』にて連載中。本書が初の著書。

【 blog 】http://365kaji.blog.jp

【 twitter 】@Rinca_366

時間が貯まる

魔法の家事ノート

発行日　2017年3月15日　初版第1刷発行

2017年6月10日　第5刷発行

著者　三條凜花

デザイン　高梨仁史・岡野雅美（debris.）

イラスト　Shapre

撮影　山田耕二（扶桑社）

校正　聚珍社

発行者　久保田榮一

発行所　株式会社 扶桑社

〒105-8070　東京都港区

芝浦 1-1-1　浜松町ビルディング

電話　03-6368-8885（編集）

03-6368-8891（郵便室）

www.fusosha.co.jp

DTP 製作　株式会社 office SASAI

印刷・製本　凸版印刷株式会社

ISBN978-4-594-07662-7